辽宁省教育厅 2015 年人文社会科学研究项目（项目编号：W2015119）
东北财经大学 2017 年校级科研青年项目基金资助（项目编号：2017250）
东北财经大学公共管理学院青年教师专著出版基金资助

县级政府财政收支自主性研究

——基于 H 县的实证研究

An Study on Autonomy of Income and
Expenditure System of County Government
——A Case Study of H County

曹 静 著

中国财经出版传媒集团
经济科学出版社
Economic Science Press

图书在版编目（CIP）数据

县级政府财政收支自主性研究：基于 H 县的实证研究/曹静著. —北京：经济科学出版社，2017.12

ISBN 978-7-5141-8844-8

Ⅰ.①县… Ⅱ.①曹… Ⅲ.①县级财政 - 财政收支 - 研究 - 中国 Ⅳ.①F812.8

中国版本图书馆 CIP 数据核字（2017）第 314632 号

责任编辑：王　丹　蒯　冰
责任校对：杨晓莹
版式设计：齐　杰
责任印制：邱　天

县级政府财政收支自主性研究
——基于 H 县的实证研究
曹　静　著
经济科学出版社出版、发行　新华书店经销
社址：北京市海淀区阜成路甲 28 号　邮编：100142
总编部电话：010 - 88191217　发行部电话：010 - 88191522
网址：www.esp.com.cn
电子邮件：esp@esp.com.cn
天猫网店：经济科学出版社旗舰店
网址：http://jjkxcbs.tmall.com
北京财经印刷厂印装
710×1000　16 开　11.5 印张　200000 字
2017 年 12 月第 1 版　2017 年 12 月第 1 次印刷
ISBN 978 - 7 - 5141 - 8844 - 8　定价：39.00 元
（图书出现印装问题，本社负责调换。电话：010 - 88191510）
（版权所有　侵权必究　举报电话：010 - 88191586
电子邮箱：dbts@esp.com.cn）

前 言

自秦汉在全国普遍实行郡县制以来,县一直是中国最稳定的基层政府单位。在县的整个发展过程中,县体制不仅历史悠久,而且相当稳定,是古代施行统治的基本政治和行政平台。县级行政区在我国政治与政府治理中发挥着重要作用。近年来,一系列扩权改革措施的实施,使得县级政府的自主性空前增强。1994年,我国实行了分税制改革,通过划分税种、划分事权、划分机构,建立转移支付制度和中央对地方的税收返还制度等方式,对中央和地方的财政关系进行了重新梳理和确立。分税制改革虽然在客观上削弱了地方政府的财政能力,但随着国家转移支付力度的不断加大,省级以下分税制体制的不断完善,以扩大县域经济社会管理权限为目的的扩权改革的不断推进,县级政府的行动空间和经济社会管理权限得到扩大和加强。但由于我国正处于社会转型期,在财政体制尚未完善,政府间关系尚未理顺,一些配套改革尚未到位的情况下,县级政府在获得自主空间的同时,亦受到一些因素的制约。那么在现行的政治行政以及财政体制下,我国县级政府在财政收支过程中的自主决策、自我组织和安排的自主性程度如何?我们该如何解释这种状况的形成?回答这一问题有助于还原一个县级财政收支的基本过程和真实面目,从而从现实的土壤中提炼问题,为地方财政理论的修正和丰富,注入新鲜的实践素材，对完善地方财政理论有一定的意义。本书选取 H 县作为个案研究对象，一是由于 H 县的社会经济以及财政收支情况具有一定的类型性和特殊性，二是由于调研访谈和相关资料的获取具有可行性和便利性。

无论从理论上还是在实践中，财政分权都为县域财政自主性的实现提供了可能。因此，考察财政收支中县域政府的行为选择，对于中国财政治理体制的完善来说显得颇为必要。本书从"理性人"假设（Hypothesis of Rational Man）出发，结合财政分权理论与公共选择理论，采用案例分析的方法，选择县级政府为研究层次，以财政收支为切入点，以自主性为研究重点，探究县级政府在既有的显性体制和隐性规则影响下的策略选择和行为弹性。通过对财政收支过程的描述，揭示影响县级财政收支的激励和制约因素，并试图运用 SAF 框架，即从制度——行动者——场域三个维度来解释和分析影响财政收支背后的深层次原因。通过对 H 县在组织财政收入和安排财政支出中的自主性的描述，对其财权事权以及策略选择进行分析发现，县级政府在组织财政收入活动的逻辑是"做大盘子"，在这一逻辑的驱使下，县级政府在组织财政收入中的自主性呈现出双重特征：其一，在法定的收入自主权上，县级政府的自主性不足，对上级政府依附较大，转移支付比重的不断加大就充分说明了这一点；其二，在实质性权力扩大的推动下，县级政府开始了积极寻求制度外财政收入的探索和实践。通过对上和对下两个途径，实现了财政收入规模的扩大，通过各项策略的运用，充分地发挥自身能动性，自主性在现存制度的真空缝隙中得以最大程度实现。同时，财政支出的自主性也呈现出看似矛盾的双重特征。在制度内，H 县对于财政支出安排有着形式上的自主性，但由于受到财政分权以及人事组织制度等因素的制约，这部分自主性在实践中有所缩水，也因此形成了财政支出结构上的软—硬二元化特征。在财政硬支出的安排上，作为理性的行动者，H县出于政治考量的要求，将财政资金首先应用在上级政府乐于看到的领域。同时，为了实现预算最大化，采取基数加增长的策略实现行政支出的扩张。在财政软支出的安排上，由于属于可自由支配的资金，在支出裁量以及核心事务的发展排序上，体现出较为明显的自主特征。在支出形式上，H县同样通过灵活变通，通过与制度打"擦边球"的方式，实现了财政支出上的自主安排，由于相关制度约束的软化，财政自主性多呈现出非规范性的特征。

本书得出如下结论：我国县级财政收支的制度化分权尚显不足，由于现有制度缝隙的存在，为县级政府财政自主性的增强提供了空间和条件。这种自主性的发挥一定程度上促进了经济的发展，扩大了县级政府的可支配财力，但与此同时，自主性的"双刃剑"效应得以凸显，若不加以约束限制，自主性的超常发挥将会在突破行为边界的同时，造成财政资金的浪费与滥用、公共服务的供给不足等不良结果。唯有在制度内给予地方政府更多的财政自主权，明确地方政府的行为框架，强化制度硬约束，在此基础上，再充分发挥地方政府的自主性，方能优化财政收支活动，使财政体制向着公共财政、民生财政迈进。本书表明，在现阶段，我国县域财政自主性具有双重特征，即财政收入上的扩张性和非规范性以及财政支出上的约束性与相机性，只有在发挥县域财政自主性的同时，规范县域财政的扩张性行为，才能有效发挥财政分权的作用。对于地方政府而言，对行为自主性的扩张有着无限的冲动，唯有给这种冲动用约束机制加以控制和监督，构建行之有效的激励和约束机制，才能对地方政府的行为进行有效的控制。只有深化政治经济体制改革，继续完善财政体制以及行政分权改革，完善监督机制和问责机制，明确政府间职能分工，减少政府间博弈空间，在公共权威层面从体制内外两个维度构建权力制衡机制，才能既保持地方政府的创新动力，又免于陷入行为失范的境地。

目　录

导论 ·· 1
 一、研究背景 ·· 1
 二、研究问题 ·· 3
 三、研究意义 ·· 6
 四、可能的创新与研究的局限 ·· 8

第一章　理论选择与分析框架 ······································ 11
 一、基本概念界定与理论选择 ······································ 11
 二、文献综述 ·· 16
 三、研究方法 ·· 29
 四、分析框架 ·· 34

第二章　中国县级财政体制概述 ································· 40
 一、中国财政体制改革的基本历程 ································ 40
 二、县级财政中的财权及收入构成 ································ 44
 三、县财政中的事权及其支出分类 ································ 53
 四、事权与财权划分的国际趋势 ··································· 60

第三章　H县财政收入中的自主性描述 ······················· 62
 一、H县的财权及收入结构 ··· 62

1

二、H县扩大财政收入的策略选择 ············ 74

第四章　H县财政支出中的自主性描述 ············ 93

一、H县的事权及其支出结构 ············ 93
二、H县财政支出中的策略选择 ············ 106

第五章　财政收支自主性的SAF分析 ············ 124

一、制度分析 ············ 124
二、行动者分析 ············ 131
三、场域分析 ············ 139

结论与讨论 ············ 146

一、主要结论 ············ 146
二、进一步讨论 ············ 149

附录一　财政支出项目明细表 ············ 154
附录二　H县财政局访谈提纲 ············ 158
附录三　H县城建局、商务局、非税局访谈提纲 ············ 160
附录四　H县县长访谈提纲 ············ 161
参考文献 ············ 163
后记 ············ 173

导　论

一、研究背景

"县制在中国历史上之所以长盛不衰，对历代行政产生了重大作用和深远影响，就是因为县的设置不是一种权宜的或随意的措施，而是由于政治、行政和经济等种种因素结合而成的"，① 现代中国县制的存在同样有着稳定的制度基础。学者张五常近期的研究也表明，"由于决定使用土地的权力落在县的手上，所以今天的中国，主要的经济权力不在村，不在镇，不在市，不在省，也不在北京，而是在县的手上"。②

在古代中国，县一直没有独立的财政地位，其最主要的一个方面，就是催纳赋税课利，保证国家的财政收入。新中国成立后，城乡二元分治制度虽然赋予了县前所未有的意义，但在计划经济和政治集中的制度框架制约下，县级政府的自主权相对较小，其财政的独立性和自主性也受到多方限制。杨雪冬（2002）通过研究曾得出结论："近代以来特殊的历史情势使得国家构建在大多数时间内是以整体压倒部分的形式推进的，来自中央的强有力的垂直行政控制将县固定化为单纯的行政层级和命令的执行者。"③ 1978 年后，

---

① 范今朝，斯灵芝，蒋瑶璐. 试论"地方（政区）"的文化意蕴与"合法性"意义——以"县"在中国政区体系中的地位和作用为例 [J]. 科学经济社会，2011（4）：186 – 193.
② 张五常. 中国的经济制度 [M]. 北京：中信出版社，2009：144.
③ 杨雪冬. 市场发育、社会生长和公共权力构建——以县为微观分析单位 [M]. 郑州：河南人民出版社，2002.

我国开始从行政和经济两个方面对地方政府实行放权。从财政体制上的"分灶吃饭"改革,到经济上的"放权让利",这些不仅提升了县级政府的主体地位,明确了县级财政的主体利益,同时也为市场经济体制的进一步确立打下了基础。但由于上述分权尚属于体制内的行政性放权,离真正意义上的体制化分权尚有差距,因此县级财政的自主性尚未得到充分发挥。

1994年,我国实行了分税制改革,作为20世纪具有代表性的制度化分权,分税制改革通过划分税种、划分事权、划分机构,建立转移支付制度和中央对地方的税收返还制度等方式,对中央和地方的财政关系进行了重新梳理和确立。这一系列改革为重塑县级主体意识,调动县级政府参与经济建设的积极性提供了重要的制度激励,但由此出现的"财权上收、事权下放",也使县乡基层政府陷入财政困境,"国家财政蒸蒸日上,省级财政稳稳当当,市级财政勉勉强强,县级财政哭爹叫娘,乡级财政精精光光",① 便是分税制后很多县乡财政困境的真实写照。

分税制改革虽然客观上削弱了地方政府的财政能力,但随着国家转移支付力度和分税制体制的不断完善,以扩大县经济社会管理权限为目的的扩权改革的不断推进,使县级政府的行动空间和经济社会管理权限得到扩大和加强。但由于我国正处于社会转型期,在财政体制尚未完善,地方政府间关系尚未理顺,一些配套改革尚未到位的情况下,县级政府在获得自主空间的同时,亦受到一些因素的制约。为了追求自身利益的最大化实现,县级政府在财政收支过程中的自主性具有双重性质,即激励与约束并存,规范与失范同现。在集权和自治的两极,县级政府相机的运用策略,并衍生出其特有的行为逻辑。那么在当前体制下,面对转型期中国的特殊国情,从自主性的视角对当下县级政府的收支过程、策略选择进行描述分析,揭示县级政府在财政收支中受到的激励和约束因素,构建一个有效的理论分析框架,可以为研究转型期中国政府间财政关系起到解释现状、规划未来的作用。

现代财政理念内在地要求财政资源必须公共性和透明化使用,换句

---

① 王春娟. 县治的财政基础及其变化——对湖北一个县的实证分析 [D]. 华中师范大学博士论文,2007.

说,现代财政本质是公共财政。在我国,"从'建设财政'到'公共财政',再到'民生财政',这是财政不断改革,不断进行适应性调整的结果,当下的财政改革也有着向'民生财政'发展的趋向。从 2007 年的中央财政预算安排来看,与 2006 年相比,中央财政安排的教育支出增长 41.7%,卫生支出增长 86.8%,社会保障和就业支出增长 13.9%。这些数字表明政府财政的民生导向——扩大公共消费,促进基本消费的平等化——越来越清晰",①但作为向公众提供公共物品的直接供给者,县级政府在实现民生财政的过程中起到了何种作用?是否存在越位和缺位?如何才能在民生财政导向下更好地提供公共服务?要想回答这些问题,必须要先了解当下的县级政府在财政收支过程中是如何运作的,它的自主性程度怎样。民生财政不仅是研究财政收支自主性的重要背景,更是县级财政未来努力的方向。

二、研究问题

(一) 问题的缘起

1. 选择县级政府作为研究层级的原因

首先,县级政府的单位力量大,对于自然、历史、文化特征的反映非常明显。在中国,县一级政权非常关键,是政府政策宏观到微观的转折点,相对于乡镇,县级政权完备得多,它是中国条块行政体系最根本的结合点,具有很强的"地方国家"(local state)的特点。作为具有完整执政职能的最基层的政府层级,县级政府的协调、发展、管理、服务职能都非常健全,可以说是国家职能的缩影,可谓麻雀虽小,五脏俱全,因此也颇具代表性。

其次,县级是改革民生的重要载体。县级政府作为基层政府,是最直接

---

① 刘尚希. 民生财政趋向日渐凸显. 和讯博客. http://lsxliu.blog.hexun.com.

接触公众的最完备的基层政府,负责辖区内公共服务的提供。作为中国国民经济的基本区域单元,县级经济是城市和农村、城镇经济和农村经济、宏观经济和微观经济的结合部,是国民经济中相对独立的子系统和支撑点。县级政府是国家在农村的基层政权,将省、地级市政府的意志与农村联系起来,通过整合优化资源配置推动本区域经济的发展。在市场经济体制下,县级政府充当市场的"守夜人",主要职能在社会管理和公共服务领域,管理模式从"控制型"向"服务型"转换。因此,将县级政府作为研究单位,研究县级层次上的政府行为更显得尤为重要。

2. 选择财政收支自主性为研究对象的原因

首先,财政收支活动是政府利益博弈的集中体现。"财政是政治,是一般意义上的政治体制的经济基础,也是市场经济条件下政治体制与政府体制的核心",[①] 财政体现的不仅是一种经济利益关系,同时又具有强烈的政治属性。因此,财政是一切政府行为的经济基础和限制条件,是理解和研究地方政府以及地方政府间关系的重要的切入点之一,它与政治密不可分。财政活动包括四个方面,即"收、支、平、管",其中,收入和支出活动是基础,财政平衡和财政管理都是财政收支活动的延伸或扩展。作为财政活动基础的财政收支活动,不仅是各级政府之间财政关系的缩影,更是政府间各种行为和利益的集中体现。因此,选择财政收支作为研究方向比较有意义。

其次,财政收支自主性是中国公共财政绩效的关键因素,体现地方政府的合法性基础和公共支出的质量和效率,决定公共服务及公共物品的供给水平。随着市场化改革与分税制改革的逐步深入,我国县级财政逐步确立了自身相对独立的地位,县级政府开始有了自身独有的财政利益,县级财政运转也逐步具有自己的特点,比如县级财政在收入来源上具有多样性、在支出项目上呈现复杂性、在管理上趋向多元性等特征。在自身财政地位获得相对独立以后,县级政府也在积极为提高自身的财政自主性而努力,为获得更大的财政自主性空间,县级政府往往采取一些策略以实现这一目的。目前,我国

---

① 黄明. 财政制度改革的政治分析 [J]. 湖北财税(理论版),2003(4):5-8.

省级以下的财政体制尚未统一规范，分税制在省级以下的政府还没能形成统一的模式，因此，目前的省级以下财政体制以及各级政府之间财政关系具有过渡性质的特征。那么对现实中的县级财政运作过程中的自主性现状进行描述分析，分析县级财政在追求自身自主性过程中的行为和策略，并对其中的深层次的原因进行分析总结，不仅能从侧面反映出公共财政的绩效，反映公共收入和支出的质量和效率，同时，也论证了地方财政的合法性基础，更为设计出更加规范合理的省级以下财政体制提供了最为直接和真实的理论及实践材料。

最后，财政收支的自主性鲜有人关注。对于地方政府的财政问题，学者们做了大量的研究，但大多是在省级政府这一层次进行的研究。其中，尤其以基于省级面板数据对地方财政支出效果、转移支付效应等的实证分析居多。关于县级财政，也大多是集中在对县级财政困难、预算外资金管理、财政支出的结构和效果等问题的研究，这些研究的特点是把财政分权和县级财政作为静态的既定的定量来研究，大多是对静态的数据进行描述分析，继而得到结论，提出对策，且对策建议的重复性极高。虽然对一些问题进行了分析，但其背后的深层次的产生机制与约束机制却少有人去分析研究。制度是在与人的互动中逐步得以确认并发生作用的，县级政府在财政过程中，其真实的行为选择往往与理论中的想当然不太一致，财政过程包括组织财政收入和安排财政支出两个方面，那么在现实中，县级政府在这两个过程中究竟有多大的自主性？为什么？它们受哪些条件的制约和限制？这些制约因素的发生机理如何？多大程度上影响了自主性的发挥？这种影响是积极的还是消极的？自主性是否越大越好？对这些问题的研究和探讨就显得很有必要了。县级财政场是一个特殊的场域，它是鲜活的且充斥着博弈，还原一个真实的县级财政收支过程有助于认识地方政府财政的实际运行过程，为进一步的财政体制改革的完善提供第一手鲜活的素材。

（二）问题的提出

财政收支活动是县级政府行为最核心的问题，是研究和反映政府行为的最佳切入点。因此本书选择县级政府为研究层次，以财政收支作为切入点，以自主性为研究重点，探究县级政府在既有的显性体制和隐性规则影响下的策略选择和行为弹性。通过对财政收支过程的描述，揭示影响县级财政收支的激励和制约因素，从制度、行动者和场域三个维度来解释和分析影响财政收支背后的深层次原因。基于此，本书的核心问题是：在现行的政治行政以及财政体制下，我国县级政府在财政收支过程中的自主决策、自我组织和安排的自主性程度如何？为什么会形成这种状况？

根据核心问题，本书试图回答如下几个问题：

1. 这种自主性在财政收支过程中是如何表现的？
2. 县级政府采取了哪些策略以扩大其自主性空间？
3. 这种自主性受到哪些制度内外因素的激励，又受到哪些因素的制约？
4. 自主性产生的原因是什么？是否可以避免？如何评价这种自主性？
5. 我国目前的财政体制是否合理？存在哪些问题？如何解决？

三、研究意义

（一）理论意义

一直以来，在学术研究中，县的重要性并没有得到足够的重视。有学者也指出："在中国学术界，有关这个主题的文献寥寥无几，而且多停留在规范性和静态描述上，难以深刻展现县级政治的运作以及在县这个层次上国家与社会的互动关系，归纳出基本的分析要素"。[①]

县级政府行为研究的理论意义，与县级政府在中国政府层级安排中所处的地位息息相关。研究县级政府行为，对于正确理解中国政府的行政过程具

---

① 杨雪冬. 市场发育、社会生长和公共权力构建——以县为微观分析单位 [M]. 郑州：河南人民出版社，2002.

有十分重要的基础性理论意义。正如前文中，笔者提到的为什么选择县级政府作为研究层级和单位时所分析的那样，县能够比较全面地呈现出个人、社会与国家之间的互动关系，其处在各种关系和利益的交汇点和交界面上，具有基层国家的特性，不仅是中国政府架构的基础，也是现代政治的稳定的基石。

通过对县级财政收支过程中的自主性进行分析，还原一个县级财政收支的基本过程和真实面目，从而从现实的土壤中提炼问题，为地方财政理论的修正和丰富注入新鲜的实践素材，对完善地方财政理论有一定的意义。

此外，以往对地方财政问题的研究，往往缺少一个规范的分析框架，本书试图用 SAF 框架，即从制度——行动者——场域三个维度来对县级财政收支自主性进行分析，基于政治学、行政学的视角深入剖析县级财政收支过程中的自主性及其激励和制约因素，以期对日后的地方财政问题研究提供一种新的视角和分析工具。

（二）实践意义

现代政府的基本职能随着生产力、生产关系以及生活方式的改变而不断转变，概括来讲，可以归纳成促进经济发展、保障社会稳定、提高公共服务。从中央到地方，无论哪个层级的政府，其主要工作都离不开这三项内容。财政是政府各项工作和职能得以实现发挥的前提和保证，财政体制作为一项重要的制度设计，是各级政府之间关系的基础和制度背景，其实质就是财权事权在各个层级政府间的划分确定。在政府职能转变的呼声愈加热烈的今天，政府管理的改革总是伴随着财政体制改革，因为任何的社会变革最终都是社会财富分配体制重新调整的变革，任何制度变迁得以完成，也都离不开财政体制的修正完善。在政治体制改革迟迟不能推进，经济体制又是处于政府主导的不完善的市场经济的情况下，财政体制作为改革的先行军更显得尤为重要。因此，研究地方政府尤其是县级财政的收支问题，不仅是加快建立更加完善的财政体制的需要，更是转型期加快地方政府职能转变，规范地方政府行为的外在要求。

我国自改革开放以来,一直秉承着"摸着石头过河"的渐进式改革模式,县级政府无疑在前几轮改革中扮演了重要的角色,作为面向公众的最完备的基层政府,县的制度创新更容易形成巨大的规模效应和辐射功能。随着扩权改革的不断深入,县的主体地位得到加强,社会管理权限随之扩大,利益格局的重新调整势必影响到机构以及个人的相关利益,县级政府财政过程中的受限与失范同时存在。如何理解财政过程中的种种偏离,如何解释规则与非正式规则的台前幕后,仅仅站在理论的塔尖上进行俯视分析是不够的,唯有从实然层面对县级财政问题进行深入研究,才能更好地为财政体制改革乃至政治体制改革的深入推进提供第一手的实践素材。

四、可能的创新与研究的局限

(一)可能的创新

1. 研究视角的创新

财政具有经济性和政治性的双重属性,因此,财政研究离不开政治学的内容。既有的一些关于地方政府财政收支问题的研究,大多是从经济学的角度对静态的数据进行分析,或者单纯将财政作为一种经济活动来分析,而忽略其与现实的政治体制、政治过程的关系。笔者正是基于这种考虑,决定采用政治学、行政学的视角,来对县级政府的财政收支自主性问题进行分析研究,试图在一个包括政治体制、财政体制、利益集团、官员行为等在内的框架里面,从政治学、行政学的角度解释财政收支过程中的自主性问题,以期更加完整地呈现出一幅县级财政收支的现实图景。

2. 在构建的框架内进行研究

本书的研究以县级政府为研究层级,以财政收支为研究对象,以自主性为切入点，使得文章在描述分析、解释阐述的过程中，更加有针对性和时效性。同时，笔者试图构建 SAF 分析框架，从制度——行动者——场域的角度来分析财政收支自主性的形成机理和内在逻辑，也是一个小小的探索，以期对日后的地方财政问题研究提供一种新的视角和分析工具。

（二）研究的局限

1. 研究方法的局限性

本书采取了定性研究方法，由于定性研究有其自身的缺陷，收集数据是基于研究人员的个人观察，同时被研究对象又是一个特定的群体，在特定场合下的反应，得到的结论就很难推广到更广泛的场合，同时结论的客观性也会受到限制，若同时有定量研究的结论加以佐证将会大大弥补这一缺憾。但遗憾的是，本研究中由于个人能力及精力所限，在定量方面没有进行继续研究，只是采取了深度访谈和实地考察的方法，用亲身体验后得到的经验材料，以及从调查对象处获得的相关材料的分析中得到基本假设，并得出结论，难免会受到主观因素的干扰。此外，单案例研究自身也有其局限性。笔者走访的 H 县并非采取随机的方法抽样的样本县，由于样本的单一性，其得出结论的普适性相对较弱，唯有在今后的研究中继续延伸到其他地区加以补充和完善。

2. 研究理论的局限性

县级财政收支自主性研究涉及政治学、经济学、社会学、公共财政学、法学等诸多领域，内涵十分丰富。目前国内关于这一方面的研究还比较少，没有构建完整的理论分析框架可资借鉴，本书虽然试图构建一个分析框架，但其适用性和有效性仍有待加强。

（三）将来的研究

由于中国国情的特殊性，不同县级的自然地理、经济社会、风土人情等方面差别很大，以一个单案例的描述和观察来概括全体县级政府行为特征，显然有失偏颇。本书的旨趣之一在于构建一个县级政府财政收支自主性的分析框架，在总结经验的基础上，将研究的范围进一步扩大到更有代表性的其他县级。继而进行比较研究，分析不同的县级在财政收支自主性上有何异同，通过一系列实证研究，归纳县级政府财政收支的基本规律。

第一章 理论选择与分析框架

一、基本概念界定与理论选择

（一）基本概念界定

对相关概念进行界定是案例分析研究的必要前提。"在任何其他实证研究中形成此类概念的目的之一，是把案例研究与相关的研究文献联系起来，以便将案例研究中获得的经验进行升华，加深对主题的理解。另一个目的，是帮助定义分析单位，确定筛选与审查案例的标准，并指出哪些是相关变量，应收集哪些数据。没有基本的理论性概念的指导，所有的选择都可能会很困难，并且可能会妨碍案例研究的正确实施"，① 基于此，笔者对文章中涉及的相关概念的界定如下：

1. 县级政府

一般而言，县级政府是指管理一个县级行政区域事务的政府组织的总称，是中央政府、省级政府、地区级政府与乡镇政府、村联系的中间环节，是整个国民经济和社会发展的基础行政区域，广义的县级政府包括党的机

---

① 罗伯特·K·殷著. 案例研究方法的应用［M］. 周海涛等译. 重庆：重庆大学出版社，2009.

关、权力机关、行政机关、司法机关，狭义的县级政府主要指县级行政机关。本书中的县级政府采用的是狭义的概念，其他机关只是在一定程度上有所涉及。此外，根据行政建制划分的不同，县级政府包括县级市政府、城市的区政府以及县政府，本书主要适用于县政府。

2. 县级财政

县级政府包括县政府，同样，县级财政与县财政亦有联系和区别。在我国，依据县级区划的概念，县级财政共有2860余个，其中包括县财政、县级市财政以及市辖区财政，三者虽同属于县级财政，但由于财源基础、产业基础、市场化程度和工业化程度的不同，所以存在很大差别。本书中的县级财政主要指的是县政府的财政，即是以农业为财源基础、人口构成以农业人口为主，市场化和工业化程度相对较低的县财政。

3. 事权、财权与财力

在中央与地方关系中，"事权"就是行事之责，是职责在中央与地方政府间，以及同一级别的政府间的划分。具体来说，就是特定层级政府根据法律法规及其他相关规定必须履行的政治、经济和社会发展职能。简言之就是一级政府在公共事务和服务中应承担的任务和职责。就其本质来看，事权强调的是"行事之责"。目前，政府事权的来源主要是法律法规，中央政府的事权相对容易界定，包括国防、外交、宏观经济稳定、地区间调控等全国性公共产品。地方政府的事权主要是提供公民日常生活的基本公共服务和公共产品。事权到位，有助于清楚地界定府际责任和职能范围，合理的事权划分可以提高资源的使用效率，有效避免政府在公共事务上的越位和缺位。

相对于事权，财权和财力都是手段，是为履行特定事权服务的。狭义的财权通常指收税权，包括征收和支配两层含义，即哪些税种由哪一级政府来征收并支配收到的税入。[1] 广义的财权是指各级政府负责筹集和支配收入的

---

[1] 侯一麟. 政府职能、事权事责与财权财力：1978年以来我国财政体制改革中财权事权划分的理论分析 [J]. 公共行政评, 2009（2）：36-75.

法定财政权力，不仅包括对税入的征收和支配权，还包括收费权以及发债权等，本书中的财权指的便是广义上的财权。财力则是指各级政府在一定时期内拥有的以货币表示的财政资源，其来源可以是本级政府的税收、上级政府的转移支付、非税收入及各种政府债务等。① 对于一级政府，拥有一定的财力并不意味着同时就具备了相应的财权，反之，拥有相应的财权也未必就一定有与其对应的财力，因此对二者进行区分就显得尤为必要。

4. 财政收支自主性

自主性在语言学上一般有三种含义：独立性、自我管理、自我决定。本书中的财政收支自主性有两重含义，一方面指的是县级政府在组织财政收入和安排财政支出过程中的自我管理、自主决策等在内的相对独立性；另一方面指的是县级政府在财政收支过程中为扩展其行动空间的自主能动性，这种自主性不是上级政府赋予其的自主权，而是县级政府为实现地方利益的自主扩展和拓宽边界的努力，它体现的是一种弹性的空间，一种行为取向、行为方式、行为边界的不确定性，其程度大小取决于行为主体所受到的激励机制和约束机制，也包括各种社会力量的制约。

（二）理论选择

1. 财政分权理论

（1）第一代财政分权理论。蒂布特（Tiebout）② 1956 年发表的《地方公共支出的纯理论》一文开启了对现代财政分权理论的研究。他从公共产品理论出发，以公民具有用手投票和用脚投票的能力为基本假设，认为地方政府为了获得选民的支持从而在选举中胜出，往往乐于根据居民需要来提供

---

① 赵聚军. 突破"事权与财力相统一"观念、构建现代公共服务体系 [J]. 中国延安干部学院学报，2008（6）：34-38.
② Tiebout, C. A Pure Theory of Local Expenditures [J]. *Journal of Political Economy*, 1956（64）：416-424.

辖区内所需的公共产品，不仅易于实现帕累托效应，且更有利于调节合理的税收水平。紧接着，施蒂格勒（Stigler）便发表文章对地方政府存在的必要性进行论述说明，他在《地方政府功能的有理范围》一文中，分别从分配的公正性以及资源配置的有效性两个角度加以阐述，为财权分权的必要性提供了理论基础。此后的1959年，马斯格雷夫（Musgrave）[①] 首次提出公共财政的概念，从财政的收入分配、经济稳定以及资源配置这三个重要的职能出发，对实行财政分权的必要性与可行性进行论述，财政分权思想由此被明确提出。1972年，奥茨（Oates）[②] 提出了"分权定理"，他通过一系列假定强调了分散化提供公共品的比较优势。认为对于一些地区性公共产品的提供，下级政府较之上级政府往往具有更高的效率和信息优势。此外，布坎南（Buchanan）[③] 的"俱乐部"理论，美国学者特里希（1981）的"偏好误识"理论，也为地方分权提供了理论依据。

（2）第二代财政分权理论。传统分权理论认为分权的益处在于地方政府在信息取得方面具备着天然的信息优势，但其对于地方官员行为目标的假设并不符合实际，对于分权机制也没有做出充分说明。第二代财政分权理论的提出便弥补了这一缺陷，钱颖一与罗兰（G. Roland）、巴里·温加斯特（Barry Weingast）等在第一代财政分权理论的基础上，通过对转轨国家的研究分析，提出了第二代财政分权理论。他们在分权框架上引入了激励相容与机制设计学说，认为政府和政府官员都有自己的物质利益，政府官员只要缺乏约束就会有寻租行为，所以一个有效的政府结构应该实现官员和地方居民福利之间的激励相容。[④] 他们指出如果地方政府过多地干预区域内的经济活动，一些有价值的投资行为会选择向干预少的地区转移，这在一定程度上约束了地方政府干预经济的活动。此外，财政分权的实行使地方政府的财政收

[①] Musgrave, R. A. The Theory of Public Finance [M]. New York: McGraw–Hill, 1959.
[②] Oates, W. E. Fiscal Federalism [M]. New York: Harcourt Brace Jovanovich, 1972.
[③] Buchanan, J. M. "An Economic Theory of Clubs" [J]. Economica, 1965 (2): 1–14.
[④] 阮艺华. 财政分权、教育投资与经济增长：一个文献综述 [C]. 2009年中国教育经济学学术年会论文集, 2009.

入与支出紧密挂钩,①为了支配更多的财政资源,地方政府往往热衷于发展经济以获得更大的财政收入。改进后的财政分权理论,因其假设与现实情况更接近,因而对现实具有更强的解释力和指导意义。

总之,经典财政分权理论强调地方政府在地方事务治理上的便捷性,因而强调公共财政在中央和地方之间的分权,确保地方政府具有一定的财政自主性以回应居民的偏好和诉求",②这样可以更有效地供给公共品,实现社会福利最大化。我国 1994 年的分税制改革就已充分说明了这一点。

2. 公共选择理论

公共选择理论是西方新制度学派中非常引人注目的一个分支,其主要代表是美国诺贝尔经济学奖获得者布坎南。该理论认为在政治领域中,理性原则在公共选择活动中同样适用。在政府治理活动中,政府官员等行动者同样具有某些"经济人"理性的特征。无论是政府自身还是工作在其中的政府公务人员,二者都有相对独立的利益目标。理论上,政府本身应以公共利益作为追求的最大目标,但实际上,政府内部工作人员的个人利益、代表地方利益和部门利益的小集团利益也是政府自身利益函数中的重要变量。换一个角度讲,即使政府基本上代表着公共利益,但由于公共利益本身有不同的范围和层次划分,因此中央政府与地方政府作为不同的利益主体,除了自身利益诉求之外,在公共利益的总体目标方面也有着不同的价值取向和偏好程度上的差异。③

公共选择论开辟了经济学和政治学交叉研究的新领域,把政治、制度因素作为经济过程的内在变量,合理地解释了政治对经济的影响及其相互关系,从而为分析解决政府决策失误、政府行为扭曲、政府效率低下、政府机构膨胀等问题提供了新的依据和思路。

---

①② 此部分已发表. 曹静. 县域财政自主治理的行为逻辑与制度困境. 财经问题研究, 2012 (1): 89-94.

③ 公共选择理论互动百科. http://www.hudong.com.

二、文献综述

无论是经济学、财政学还是政治学领域,对于财政的研究举不胜举,不同的学科和不同领域的学者对于中国地方财政进行了大量的研究。

(一) 有关财政分权的研究

1. 财政分权度的衡量

中外学者对财政分权的衡量进行了大量的研究,由于选取衡量指标的不同,实证研究的结论也不尽相同。从现有文献看,学者们建立了各种各样的衡量指标。马骏[①]以省级政府在预算收入中保留的平均份额来衡量财政分权程度。林毅夫和刘志强[②]选取用省级政府在省本级的预算总收入中所占的边际分成率作为衡量财政分权大小的指标。雅佳和萨卡诺(Akai & Sakata)[③]指出,如果中央向地方转移支付是无条件的,财政支出指标可以反映地方政府掌握的财力;当中央政府向地方政府的转移支付是有条件的时候,地方政府财政收入能较好地显示地方政府的实际财力;当中央向地方转移支付的条件介于两者之间时,需要结合考虑以上两个指标。马珺[④]将衡量财政分权的指标归纳为以下三种:"即产出取向的衡量方式、投入取向的衡量方式以及通常的衡量方式"。马珺认为,第三种指标最为常用,即"次国家政府的收

---

① 马骏. 中央向地方的财政转移支付——一个均等化公式和模拟结果 [J]. 经济研究, 1997 (3): 11 – 21.

② 林毅夫, 刘志强. 中国的财政分权与经济增长 [J]. 北京大学学报 (哲学社会科学版), 2000 (4): 5 – 18.

③ Akai, N and M Sakata, "Fiscal Decentralization Contributes to Economic Growth: Evidence from State-level Cross-section Date for the United States" [J]. *Journal of Urban Economics*, 2002 (52): 93 – 108.

④ 马珺, 杨之刚等. 财政分权: 分析框架与文献评述. 财政分权理论与基层公共财政改革 [M]. 北京: 经济科学出版社, 2006: 48.

入与支出占全部政府收入与支出的比重。具体分指标包括：自给率，即次国家政府的自由收入在其全部收入中所占的比重；纵向不平衡率，即政府间转移支付在次国家政府支出中所占的比重，这个指标用于衡量次国家政府的财政独立能力"。[1] 沈坤荣和付文林[2]借鉴了雅佳和萨卡塔的方法，使用了7个指标来衡量中国的财政分权水平。具体包括："各地方预算内财政支出占全国预算内财政总支出的比重、各地方预算内财政收入占全国预算内财政总收入的比重、各地方预算外财政支出占全国预算外财政总支出的比重、各地方预算外财政收入占全国预算外财政总收入的比重、各地方预算内财政收支占全国预算内财政总收支的比重以及各地方预算内和预算外财政支出占全国预算内外财政总支出的比重"。奥茨（Oates, W. E.）[3] 对43个国家的实证研究表明，总体来看，发达国家的财政分权度要高于发展中国家。其考察的18个工业化国家的平均分权率为35%，而25个发展中国家仅为11%。

2. 财政分权与经济增长关系

学者们对财政分权的效果做了一系列的经验研究，其中，涉及财政分权与经济增长关系的研究数量较多。但由于缺乏一个较为公认的用来分析二者关系的理论框架，有价值的分析模型一直没有建立起来，所以，关于二者关系的确定性的结论迟迟没有得出，这个问题也始终处于争论状态。关于该问题的相关文献及其主要内容介绍如表1-1所示：[4]

在表1-1所列举的文献中，既包括跨国研究，也有对我国财政分权对经济增长影响的经验研究，对美国的研究也有所涉及。但需要指出的是，这些对财政分权与经济增长关系的直接经验分析没有得到确定性的一致结论。经验研究结果表明，财政分权对经济增长的影响并不是唯一的。不仅在发达

---

[1] 蔡冬冬. 中国财政分权体制下地方公共物品供给研究 [D]. 辽宁大学博士论文, 2007.5.
[2] 沈坤荣, 付文林. 中国的财政分权制度与地区经济增长 [J]. 管理世界, 2005 (1): 31-42.
[3] Oates, W. E., "Searching for Leviathan: An Empirical Study" [J]. *American Economic Review*, 1985, 75 (4): 748-757.
[4] 表1-1参见黄君洁. 财政分权与经济增长关系的文献综述 [J]. 产经评论, 2010 (2): 114-126.

表1-1　财政分权与经济增长：主要文献总结

作者（年份）	研究覆盖的国家或地区	时间跨度	财政分权指标	研究方法	主要经验检验结论
Davoodi 和 Zou（1998）	46个发达国家和发展中国家	1970~1989年	财政支出指标	固定效应模型，时间哑变量，非平衡面板	在发展中国家，财政分权和经济增长之间有不显著的负相关关系，而在发达国家，财政分权和经济增长之间的关系不明确
Woller 和 Phillips（1998）	23个发展中国家	1974~1991年	财政支出指标	固定效应模型，OLS	财政分权和经济增长之间的关系统计上不显著
Yilmaz（2000）	17个单一制的国家和13个联邦制国家，包括新兴工业化和发达国家	1997~1999年	财政支出指标	固定效应模型，时间哑变量，GLS	单一制国家的地方政府的支出分权对人均GDP增长的促进作用更为明显
Enikolopov 和 Zhuravskaya（2003）	21个发达国家和70个发展中国家和转型国家	1975~2000年	财政收入指标	OLS 2SLS	在5%的显著水平上，发展中国家分权度越高，人均GDP增长率会越低
Thjeben（2003）	26个国家	1981~1995年	财政支出指标	OLS/GLS	财政分权与经济增长之间呈弓形关系，过低和过高的分权度都不利于经济增长
Ma（1997）	中国国内地区	1979~1996年	平均留成比例	固定效应模型，时间哑变量	财政分权促进了中国的经济增长
Zhang 和 Zou（1998）	中国国内地区28个省	1978~1992年	人均财政支出指标	没有时间哑变量的固定效应模型	省级财政分权与各省经济增长之间的系数显著为负，特别是在过渡时期（1985~1989年）更为明显
Lin 和 Liu（2000）	中国国内地区的28个省	1970~1993年	自有收入的边际增量	固定效应模型，时间哑变量	中国财政分权促进了省级人均经济增长率的提高

续表

作者（年份）	研究覆盖的国家或地区	时间跨度	财政分权指标	研究方法	主要经验检验结论
胡书东（2001）	中国国内地区各省	1978～1993年	财政收入指标	OLS固定效应模型和随机效应模型，时间哑变量	中华人民共和国成立以来，真正对国民经济绩效有促进作用的是以国有经济为代表的公共经济管理体制的分权，一般的财政分权对国民经济绩效没有明确的因果关系
Jin Qian 和 Weingast（2005）	中国国内地区28个省	1982～1992年	财政支出指标	固定效应模型，时间哑变量	在10%的显著水平上，财政分权与经济增长正相关
Qiao Martinez-Vazquez 和 Yu（2002）	中国国内地区28个省	1985～1998年	财政支出指标	2SLS	财政分权与经济增长显著正相关
殷德生（2004）	中国国内地区29个省	1994～2001年	人均财政分权指标	多元回归	中国财政分权水平既未能有效地促进地区经济增长，又加剧了地区经济发展的差异程度
沈坤荣和付文林（2005）	中国国内地区除重庆市外的30个省区市	1978～2002年	7个测度财政分权水平的指标	多元回归	从财政收支两方面综合考虑的财政分权对经济增长的促进效应非常显著
张晏和龚六堂（2005）	中国国内地区28个省	1986～2002年	人均财政收支等指标	固定效应回归模型，时间哑变量	分税制改革后，财政分权确实促进了经济增长，但存在显著的跨时间和跨区域的差异
周业安和章泉（2008）	中国国内地区的29个省	1986～2004年	人均财政支出等指标	固定效应回归模型	从整个时间跨度来看，财政分权对经济增长影响有所差异，在1994年前后对经济增长的促进作用并无显著作用，而1994年后对经济增长的促进作用十分显著。同时，财政分权是导致经济波动的重要原因

续表

作者（年份）	研究覆盖的国家或地区	时间跨度	财政分权指标	研究方法	主要经验检验结论
沈伟（2008）	中国国内地区各省	1982~1992年 1995~2005年	人均财政支出指标	固定效应回归模型	无论是在1994年分税制改革前的税收分权模式下还是在改革后的税收集权模式下，我国税权划分与经济增长之间都表现出显著的负相关
Xie Zou 和 Davoedi（1999）	美国各州及地方政府	1948~1994年	财政支出指标和自治权指标等	时间序列分析，OLS	州政府的支出份额系数为正但不显著，地方政府的支出份额系数在多数情况下为负也不显著，在两级财政分权的回归中，州和地方支出之和美国的财政分权状况与最大化增长的财政分权份额相一致，建议保持该水平的财政分权，以防止进一步的财政分权可能损害经济的增长
Akai 和 Sakata（2002）	美国50个州	1992~1996年	财政收入、财政支出等多种指标	OLS和固定效应模型，时间哑变量	支持财政分权促进了经济增长的观点，但是，用财政收入和财政支出度量的财政指标的系数均显著为正，而刻画地方自治的指标的系数均为负且不显著

国家和发展中国家、单一制国家和联邦制国家之间，而且在发达国家或发展中国家内部，财政分权对经济增长的影响所表现出来的结果也是不同的。政策制定并不是一味地尽最大可能去增加分权度，而应该根据一国的国情和实际需要寻求分权的最佳状况。①

3. 财政分权与腐败

费斯曼和加蒂（Fisman & Gatti）② 通过研究 57 个国家 1980～1995 年的数据，包括国家的大小（国内生产总值和人口）、政府支出在国内生产总值中的份额、开放度、种族、合同执行指数、国家联邦政体的名义变量等，用国际风险指南上的腐败指数测量腐败。他们测度了 1980～1995 年的地方份额，发现"政府支出方面的财政分权与低的腐败程度显著相关"。古尔古尔和沙阿（Gurgur & Shah）③ 把 30 个样本国家分为单一制国家和联邦制国家两组，以非中央政府行政部门公务员占公务员总数的比率来表示分权，以国际透明度组织的腐败指数测度腐败，得出的结果是："分权在单一制国家对腐败的影响更大"。特瑞斯曼（Treisman）④ 的研究则认为："财政分权与腐败之间不存在显著的相关关系"。这些实证研究表明，财政分权与腐败的关系是不明确的。

（二）有关政府间财政关系的研究

1. 政府间纵向财政关系研究

纵向政府间财政关系，主要是指中央对地方政府的财政关系。在我国主

---

① 黄君洁. 财政分权与经济增长关系的文献综述 [J]. 产经评论, 2010（2）: 114 - 126.
② Fisman, R, and R Gatti. "Decentralization and Corruption: Evidence across Countries" [J]. *Journal of Public Economics*, 2002, 83（3）: 325 - 345.
③ Gurgur, T, and A Shah. "Localization and Corruption: Panacea or Pandora's Box?" [J]. *World Bank Policy Research Paper*, 2005: 34 - 86.
④ Tieisman, D. "Decentralization and the Quality of Government", Working Paper, Department of Political Science, University of California, Los Angeles, 2000. http://www.imf.org/external/pubs/ft/seminar/2000/fiscal/treisman.pdf.

要表现为中央和省级政府，省级政府和下级的县市、乡镇之间的财政关系。各间政府间的财政关系包括事权划分、财权划分以及转移支付制度三个方面的内容。

卢洪友[①]通过实证分析，发现"中国各级政府间财政关系在没有确定政府与市场、公共部门与私人部门效率边界下，向着财政收入层层集权、公共事务管理责任及相应的支出负担层层下移的方向演变，结果导致基层财政普遍处于'紧'运行之中，并衍生出一系列基层公共管理问题。理顺中国各级政府间财政关系，必须按'以公共需要为本'的公共管理观和公共财政观、'财政负担与财政能力大致对称'的政府间纵向支出结构安排观以及'基本公共品优先保障'的各级政府横向支出结构安排观"。

贾康在分析中国基层财政困难加剧的三个财政体制性因素的基础上，提出了配套改革、调整政府体制和省级以下财政体制的三条建议："一是减少政府层级和财政层级；二是按'一级政权，一级事权，一级财权，一级税基，一级预算，一级产权，一级举债权'思路推进省级以下财政体制改革，同时健全自上而下的转移支付，完善以分税制为基础的分级财政；三是按市场经济客观要求积极推进农村区域和基层政府辖区生产要素流动的制度创新"。[②]

郭连成[③]通过对俄罗斯各级政府间财政关系的研究分析发现，"财政资金的相对集中化与财政权限的分权化原则并重，将是俄罗斯今后一个时期调整和改革中央与地方政府间财政关系的基本点；建立一个有效运行的中央与地方政府间财政关系体系，特别是建立有法律保证的明确而稳定的政府间财政收支责任划分体系，对俄罗斯至关重要"，这为我国理顺纵向各级政府间关系提供了经验借鉴。

在转移支付制度方面，学者们从转移支付制度的效果、存在的问题以及

---

① 卢洪友. 中国政府间财政关系实证分析——兼析基层公共管理的财政困境及路径[J]. 华中师范大学学报（人文社会科学版），2006（1）：30-36.
② 贾康，白景明. 县乡财政解困与财政体制创新[J]. 经济研究，2002（2）：3-10.
③ 郭连成. 俄罗斯中央与地方政府间财政关系研究[J]. 世界经济，2002（10）：20-28.

测算方法上都做了大量的研究。葛乃旭[①]对现行各级政府间转移支付制度的运行结果进行了定量分析,研究发现,目前的转移支付制度虽然显现出一定的均等化效果,但作用有限,对缩小地区间差距的能力尚且不足。刘溶沧、焦国华[②]、陈秀山、张启春[③]认为,"现行的转移支付制度在中央与地方的纵向平衡方面作用显著,但在地区间横向均衡上缺乏成效"。对于存在问题的研究,江孝感、魏峰、蒋尚华[④]和张菊良[⑤]认为,一般性转移支付在转移支付体系中所占比重较低。寇铁军、汪洋[⑥]和陈秀山、徐瑛[⑦]等学者认为,转移支付的测算方法存在不合理之处。孙开、彭建[⑧]和熊波[⑨]则通过研究发现,一般性转移支付存在自身缺陷,具有随意性大、透明度低等特点,易造成财政资金使用过程中的低效率。通过对问题的分析,学者们也提出了很多完善现有转移支付制度的对策建议,主要是从扩大一般性转移支付的比重、建立科学的测算方法、提高一般性转移支付透明度等方面提出的。

2. 政府间横向财政关系研究

我国地方政府间横向财政关系发展研究的成果可概括为:两个关系维度即"竞争"与"合作"。我国目前的情况是,地方政府间的财政关系是"竞争"大于"合作"。

[①] 葛乃旭. 重建我国政府间转移支付制度的构想 [J]. 财贸经济,2005 (1):61-68.
[②] 刘溶沧,焦国华. 地区间财政能力差异与转移支付制度创新 [J]. 财贸经济,2002 (6):5-13.
[③] 陈秀山,张启春. 转轨期间财政转移支付制度的区域均衡效应 [J]. 中国人民大学学报,2003 (4):69-77.
[④] 江孝感,魏峰,蒋尚华. 我国财政转移支付的适度规模控制 [J]. 管理世界,1999 (3):51-62.
[⑤] 张菊良. 完善我国现行政府间财政转移支付制度的若干思考 [J]. 广东商学院学报,2000 (3):53-57.
[⑥] 寇铁军,汪洋. 完善我国过渡期财政转移支付的对策 [J]. 财经问题研究,2003 (8):71-74.
[⑦] 陈秀山,徐瑛. 我国地区差距的基本特征与完善转移支付制度 [J]. 经济学动态,2004 (11):30-34.
[⑧] 孙开,彭建. 财政体制创新研究 [M]. 北京:中国社会科学出版社,2004.
[⑨] 熊波. 论现行转移支付制度存在的问题及其调整思路 [J]. 鄂州大学学报,2003 (3):24-25.

乔宝云①运用模型对政府间财政竞争进行了分析，研究发现，政府间的财政竞争虽然对地方经济增长有一定的积极影响，但却不利于财政资源均等化的实现。周业安②则认为，地方政府间的竞争有可能带来经济的非良性增长，地方政府出于自身利益可能采取一些保护性策略，这无形中加大了地方间贸易的交易成本，对经济增长造成一定损害。

宣晓伟③、洪银兴与刘志彪④等学者对地方财政竞争引致的政府行为的外部性进行了研究。分析发现，"重复建设是地方政府利益的诉求的外在表现，为发展当地经济而进行的重复建设，若从全国角度来看，是一种效率的损失"。此外，破坏环境，只注重经济效益而忽视社会效益也成为地方政府在财政竞争过程中所产生的负效应。郑晓玲⑤提出了包括建立政府间的协调机制、提高财政决策过程的民主程度、创造合理可行的政治经济条件等在内的规范地方政府间财政竞争的对策建议。有关地方政府间财政合作关系的研究比较少，高琳⑥从地方政府自主性的角度分析，提出我国建立横向财政转移支付制度的一个模式。其中体现了政府间财政合作的理念。

（三）有关县级财政的研究

国内学者对县级财政问题进行了诸多方面的研究，栾蓓蓓⑦以山东省微山县为例对农业税费改革后县级财政下的公共品供给状况进行分析，认为农村的公共品供给不足，并提出对策和建议。

---

① 乔宝云. 增长与均等的取舍——中国财政分权政策研究 [M]. 北京：人民出版社，2000.
② 周业安. 地方政府竞争与经济增长 [J]. 中国人民大学学报，2003 (1)：97 – 103.
③ 宣晓伟. 重复建设的本质在于地方利益诉求 [N]. 中国经济时报，2003.11.21.
④ 洪银兴，刘志彪等. 长江三角洲地区经济发展的模式和机制 [M]. 北京：清华大学出版社，2003.
⑤ 郑晓玲. 财政竞争中的地方政府行为及其规范 [J]. 地方财政研究，2007 (6)：24 – 28.
⑥ 高琳. 我国建立横向财政转移支付制度的一个模式兼论地方政府的自主性 [J]. 地方财政研究，2008 (7)：13 – 18.
⑦ 栾蓓蓓. 农业税费改革后县级财政下的公共品供给状况分析——以山东省微山县为例 [J]. 山东理工大学学报（社会科学版），2007 (6)：18 – 20.

赵艳[①]认为，县级财政对公共政策的把握能力、县级财政支出可用资金总量与县级财政可用资金的支出结构是县级财政公共服务能力的决定因素，经过分析提出，提高县级财政的自给能力、提高县级财政对公共政策的把握能力、以及提高县级政府的公共服务程度是提升县级财政公共服务能力的主要路径。

徐涛[②]基于中国县级面板数据，对转移支付对县级财政收入稳定效应进行实证分析，结果表明转移支付对县（区）财政收入有较大的拉动作用，而且当财政收入处于上升阶段时，转移支付的稳定效应明显，当财政收入处于下降阶段时，稳定效应不明显。同时发现，"转移支付对县财政收入的稳定效应要比对区财政收入的稳定效应更加明显"。

马昊和庞力[③]在考察县级财政历史变迁的基础上，提出了县级财政制度改革的建议，具体包括：明确划分县级财政的事权、调整支出范围；培植县级财政税源、确定县级财政的主体税种；规范县级财政转移支付制度、加大对财政困难县的财政转移支付力度；加强县级债务制度的建设；强化县级财政的预算自主权、提升预算管理法制化水平。

宋哲[④]以湖北省A区为个案，对县级地方政府财政支出结构及其效果进行了研究发现：人均财政一般预算支出对城镇居民可支配收入影响的密切程度要高于对农民人均纯收入的影响，而且这样一种状况很可能是造成城乡居民人均收入差距及其扩大的最主要影响因素之一；理论分析上认为增加对经济建设的支出、控制乃至缩减基本公共服务支出及行政将有利于人均GDP的增长，实际情况却是既要保持人均GDP的增长，又要加大对基本公共服务的投入，而且对行政支出的控制乃至缩减则是一个十分漫长且难度较大的

[①] 赵艳. 中国县级财政公共服务能力分析 [J]. 经济研究导刊, 2009 (36): 13 – 15.
[②] 徐涛. 转移支付对县级财政收入稳定效应的实证分析——基于中国县级面板数据 [J]. 生产力研究, 2009 (6): 51 – 54.
[③] 马昊, 庞力. 中国县级财政制度的历史变迁与改革思路 [J]. 湖南师范大学社会科学学报, 2010 (5): 108 – 111.
[④] 宋哲. 县级地方政府财政支出结构及其效果研究——以湖北省A区为个案 [J]. 华中师范大学学报（人文社会科学版）, 2009 (5): 11 – 19.

过程。①

周业安②立足若干个案资料，结合官方的统计数据，以县级财政支出管理为切入点，对中国的地方财政支出总量及结构的变化进行分析研究，研究发现，从财政支出总量上看，地方财政支出所占比重相对过大；地方财政支出结构也存在扭曲；地方政府扭曲的财政支出结构与扭曲的收入结构形成了互动关系。从而得出结论，"即造成地方财政收支行为扭曲的根本原因是分权的经济体制和集权的政治体制之间的矛盾，一定程度的经济权利分散化必然要求相应的政治权利分散化，整个财政分权体制实际上要寻求政治经济权利在不同级别政府之间的合理配置"。最后给出了地方财政支出管理体制改革的总体思路和近期对策。

（四）有关地方自主性的研究

沈德理③④比较早地把口语化的"地方积极性"说法改造成学理性的"地方自主性"概念，列举了地方自主性发挥的行为特征，并指出这种自主性是"区域经济社会发展的内源性动力"。

何显明⑤在沈德理的研究基础上进一步对地方自主性概念进行了界定，认为地方自主性是指"拥有相对独立的利益结构的地方政府，超越上级和地方各种具有行政影响力的社会力量，按照自己的意志实现其行政目标的可能性，以及由此表现出来的区别于上级政府和地方公众意愿的行为逻辑"。

李连江和欧博文⑥提出了基层自由裁量权（Street-level Discretion）的概念，他们认为基层自由裁量权的突出表现是"干部根据自身利益对上级政

---

① 宋哲. 县级地方政府财政支出结构及其效果研究 [D]. 华中师范大学硕士论文, 2009.
② 周业安. 县乡级财政支出管理体制改革的理论与对策 [J]. 管理世界（双月刊），2000 (5): 122 – 132.
③ 沈德理. 简论地方自主性 [J]. 海南师范学院学报, 2003 (4): 91 – 96.
④ 沈德理. 非均衡格局中的地方自主性：对海南经济特区（1998 – 2002 年）发展的实证研究 [M]. 北京：中国社会科学出版社, 2004.
⑤ 何显明. 市场化进程中的地方政府行为逻辑 [M]. 北京：人民出版社, 2008.
⑥ Li Lianjiang, Kevin J O'Brien. *Selective Policy Implementation in Rural China* [J]. Comparative Politics, 1999, 31 (2).

策采取'选择性执行'（Selective Policy Implementation）"，他们这里的"基层自主性"概念是一个中性概念，即基层自主性"既可能促进政策的执行，也可能促使基层官员以其他利益目标模式替代中央的政策目标，甚至导致自私、粗暴的剥削性行为"。

国内不少研究成果也从多个角度涉及了地方政府自主性扩张现象。林尚立[①]从体制内分权所形成的体制与权力冲突现象的分析中，提出了分权的"扩展性"问题。徐勇[②]则认为，中国改革开放的起始点和最大的成果之一就是"对统治主义的突破和自主性的生成"，这种自主性来自对个人利益的承认和基于个人利益追求所形成的理性认识"，他将自主性和自主权区分开来，赋予了它一种不带负面含义的内涵，即一种建立在自主权基础上的行为主体自主选择的主动权。

（五）文献评估

1. 既有研究的成就

通过梳理文献我们不难发现，在研究方法上，过往的研究不仅有规范研究，同时也做了大量的实证分析；在研究视角上，不仅有将历史与现实二者结合的研究，也有将中国情况与国际经验结合的探讨；在研究内容上，不仅对技术方法进行研究讨论，也对理论本身的发展有所思考，一些理论与实践价值兼有的成果和观点不断涌现出来。

（1）在财政分权的研究上，学者们采取实证的方法从多个方面多个角度，对财政分权与经济增长、环境质量、政府规模、腐败、制度创新之间的关系进行分析，得出了大量的实证性结论，为理论的提炼提供了大量的实证资料。

（2）学者们通过对政府间财政关系的研究，对分权的利弊、最优分权

---

① 林尚立. 权力与体制：中国政治发展的现实逻辑 [J]. 学术月刊，2001（5）：91－100.
② 徐勇. 非均衡的中国政治：城市与乡村比较 [M]. 北京：中国广播电视出版社，1992.

度、财权与事权的划分、转移支付制度的效应及合理设计等问题进行了深入研究，普遍认为，政府间财政关系应向事权与财权财力相匹配、建立完善转移支付制度、集权与分权优化组合的方向发展，并给出了一些政策建议。

（3）对县级财政方面的研究丰富了对地方财政研究的层次，一些个案研究为地方财政研究提供了第一手素材资料，通过对县级财政困难、预算外资金管理、财政支出的结构和效果等问题的研究，为我们了解县级财政的管理过程，从而描绘出县级财政这张全景拼图提供了诸多资料。

（4）地方自主性的研究为我们提供了一个全新的视角，对地方自主性的合理性和必然性进行了探讨，同时意识到，这种自主性也有其负外部性。地方自主性概念的提出为描述和解释地方政府行为提供了一个新的分析角度。

2. 既有研究的不足

一是极少有明确的分析框架。这个问题与缺乏明确的理论支撑一脉相承。当然，这也和我们研究的问题的特殊性有关，扩权改革实践刚刚兴起，国外极少有类似复杂的行政区划调整，没有现成的理论和经验可供借鉴。

二是研究方法不科学。大多数定量研究虽然是在运用既有模型的基础上，得出了大量的实证结论，但仍没有建立起统一的理论模型，定性研究较少采用规范的研究方法，既缺乏深入的调查研究，也没有采取有效的定性数据分析整理方法，研究过程及结论简单重复的现象极为普遍。从财政角度研究政府行为的成果中，大多直接依据财政统计年鉴等资料获取财政收支数据，而缺乏对县级财政实际收支结构的深入分析，其结论往往会与现实有一些出入。

三是研究视角的单一。既有文献在研究地方财政问题时，大多采用的是经济学视角，主要是在财政学的学科框架内分析问题和提出对策，缺少对政治学和行政学学科的关注，很难有所突破。

三、研究方法

（一）研究方法的选择——定性研究

陈向明认为，"定性研究是以研究者本人作为研究工具，在自然情境下综合运用多角化技术对某一社会现象或社会事件进行整体性、关联性的考察，从而获得对该社会现象的总体有较深入认识的一种研究类型"。[①] 本书之所以采用定性研究方法，是因为本研究的基本特点与定性研究相符。

定性研究强调在自然而非人工控制的环境中进行研究，更加注重现象与背景之间的关系及其变化过程，如何更加深入地"理解"社会现象是其关注的焦点。本研究的主要目标是深入描述财经财政收支过程中的自主性表现和策略，在更好地理解这一社会现象的同时，结合所处的体制背景，分析其运行的机理以及如何受到外在机制的激励和约束。如果单纯地选取其中部分变量作定量分析，很容易陷入技术主义的泥沼，并使研究的结果偏离真实的社会现实。而良好的定性分析方法和技术的使用，可以使我们更容易获取整体性、关联性的资料，并从中发掘更适合实践本身的理论及模型。从研究的逻辑过程来看，"定性研究比较倾向于与个案式解释模式结合，而定量研究比较容易达到通则式的解释"，[②] "定性研究基于描述性分析，它在本质上是一个归纳过程，即从特殊情景中归纳出一般的结论"。[③] 本书不需要采用"假设——检验"的研究逻辑，在选取 H 县作为研究对象的基础上，进行深入挖掘，并拟通过分析性归纳得出对这一社会现象的较为完整的解释，符合定性研究的内在要求。

[①] 陈向明．质的研究方法与社会科学研究［M］．北京：教育科学出版社，2000.
[②] ［美］艾尔·巴比著．社会研究方法［M］．邱泽奇译．北京：华夏出版社，2005：27.
[③] 风笑天．社会学研究方法［M］．北京：中国人民大学出版社，2001.

（二）研究工具的选择——案例研究

本书拟以案例研究作为研究工具。罗伯特·K·殷认为，"案例研究最适合用于如下情况：研究的问题类型是'怎么样'和'为什么'，研究对象是目前正在发生的事件，研究者对于当前正在发生的事件不能控制或极少能控制"。[①] 本研究的特点与案例研究工具比较相符，也是在于对县级政府财政收支行为作一个"深描"，进而试图在一个框架内对其进行分析解释，探析深层次的制度内外的影响因素。因此，本研究拟选取案例研究作为研究工具。

本书在选择案例时，主要基于以下几点的考虑：一是案例县的社会经济以及财政收支情况是否具有一定的类型性和特殊性；二是调研访谈和相关资料的获取是否具有可行性和便利性。作为本书中的研究对象，H县恰好符合上述两点的要求：一是H县基本县情及发展状况符合本研究的背景要求，二是笔者是通过个人关系以上级调研的形式进入现场，一些通常难以进入的调研领域，比如财政收支及管理、非税管理部门以及审计部门都提供了积极地配合，最终得以顺利地进行。同时，笔者也近距离的对县政府和主要部门的一把手领导进行了访谈调研，为后续的研究工作提供了更加全面的素材。

（三）资料的获取与分析

1. 资料获取方法

罗伯特·K·殷提出资料收集的三大原则，即使用多种证据来源、建立案例研究数据库、形成一系列证据链。[②] 本书在资料收集上主要采用以下两

[①] ［美］罗伯特·K·殷著. 案例研究设计与方法［M］. 周海涛等译. 重庆：重庆大学出版社，2004：19.
[②] ［美］罗伯特·K·殷著. 案例研究设计与方法［M］. 周海涛等译. 重庆：重庆大学出版社，2004：106－115.

种方法：

（1）访谈法

案例研究中，最重要的信息来源之一当属从访谈中获得的。访谈不同于采访，双方通过开放式的交谈，没有威胁性的提问和互动，受访者更容易提供客观的信息。在面对不同受访者时，提问的方式和风格也有所不同，主要有开放式访谈，重点访谈以及结构性访谈。前者主要是围绕某一个问题进行开放式探讨，重点访谈则强调对一组问题进行发问和回答，对特定领域有所侧重，结构性访谈是更注重问题内在的逻辑性和规范性。本书中由于涉及的部门众多，面对的访谈对象也各有差异，因此采取了多种访谈方式，对财政部门及其相关部门的访谈对象进行地毯式走访，对全面了解县级财政收支状况提供了可能。

（2）文献研究法

财政收支问题涉及政府工作的方方面面，因此本研究拟收集的文献大致包括：

①国家、省（区）、市、县关于县级财政的相关法律、法规、规章、文件等；

②县领导的报告、讲话等文字性资料；

③县统计年鉴、政府公报、专项年鉴等；

④县财政决算报告、县财政专项收支报表等；

⑤相关会议记录或其他文本材料；

⑥各类书面报道或评论。

2. 资料分析方法

议题内容分析方法（Thematic Analysis）是"一种透视质性资料的技巧，基本上分为三个步骤：捕捉重要的线索（发现类型或议题）；进行资料编码（或分类）；进行资料的阐释"。[①] 本研究收集到的文献资料将会涉及不同专

---

① Richard E. Boyatzis 著. 质性资料分析——如何透视质性资料［M］. 王国川，翁千惠译. 五南图书出版公司，2005.

业领域、不同层级，因此，资料整理与分析较为困难，对于搜集到的大量文献资料，议题内容分析方法无疑提供了很好的工具借鉴。

除采取上述议题内容分析方法外，在对访谈材料的分析上，本研究重点采用的是扎根理论中关于开放性编码、主轴编码、选择性编码的做法。[①] 扎根途径的编码方法的步骤是：首先搜集资料并尽可能地全面完整；其次在资料中对功能和脉络进行梳理归类；最后根据归类和研究的结构决定编码的类别。这种方法具有开放性和敏感性的特点，为研究进行深入分析提供了条件。

（四）研究的效度和信度

在研究社会现象时，社会学家们大多用效度来对研究结果的可靠性进行衡量，基于此，本书同样面对一些效度问题，其包括：

1. 描述型效度问题

描述型效度指的是对外在可观察到的现象或事物进行描述的准确程度。[②] 笔者将采取以下策略保证描述型效度。一是数据的三角互证。通过采用多种数据收集技术，如访谈以及文献研究法等，对各种证据进行相互交叉印证，来提高研究的效度。二是人员校验。整个分析过程中调查对象将发挥校验作用。可以通过深入对话，保证研究者对调查对象的理解的真实性。

2. 解释型效度问题

解释型效度指的是"研究者了解、理解和表达被研究者对事物所赋予的意义的'确切'程度"。[③] 为了更好地理解被访者的所言所行，研究者必

[①] Ansehn Strauss，Juliet Corbin 著. 质性研究概论：扎根理论程序与技术 [M]. 徐宗国译. 巨流图书公司印行，2004.
[②] 陈向明. 质的研究方法与社会科学研究 [M]. 北京：教育科学出版社，2000：392.
[③] 陈向明. 质的研究方法与社会科学研究 [M]. 北京：教育科学出版社，2000：393.

须站在受访者角度,尽最大努力来揣测理解他们的言语及肢体语言,这样才能真实地呈现他们的看法,避免由于他们的"言不由衷"而带来的理解偏差。

信度,指的是研究结果的可重复性。[①] 虽然目前大部分定性研究学者认为信度在定性研究中不适用,但在本研究过程中,笔者仍将进行完整详细的案例研究记录,以及使用案例研究草案,并适当与其他相关单位,如其他县(市)的相关资料进行对比论证,以提高案例研究的信度。

(五)研究中的伦理考虑

本研究是通过私人关系,才得以对熟悉财政收支相关情况的内部人员进行访谈和观察。因此,在研究之初,笔者就本着"知情同意"的原则,在事先征得被研究者同意的前提下,进行了访谈录音。"绝不强迫任何人参与研究,且不给参与者带来任何伤害"是进行社会科学研究中所要遵守的基本学术伦理(林聚任,2005),尤其是对一些较为敏感的问题进行访谈,只有在保证受访者基本利益不受侵犯,尊重和保护受访者隐私的前提下方能开展。若不取得受访者的信任,则不会得到真实的第一手资料。

在本研究中,笔者将对被访者采用匿名的方式进行处理。财政问题是一个敏感话题,涉及到政府治理的方方面面,官场政治有其自身文化和潜规则,对相关问题进行回避是官员自我保护的一种惯有处理方式。为了获得更为真实客观的访谈材料,避免访谈陷入固有模式和形式主义,在撰写本书时,有必要采取匿名处理方式,这样既利于对案例对象和参与者的权益进行保护,也利于笔者得出更为正确的结论。

---

① 陈向明. 质的研究方法与社会科学研究 [M]. 北京:教育科学出版社,2000:100.

四、分析框架

（一）理性官员假设

行为目标受到行为动机的影响，同时又决定着行为方式。在分析政府行为时，若想对政府行为的动机、目标和方式进行解释，构建相应的行为假设就显得很有必要。行为假设越贴近现实，对政府行为的分析将越准确。20世纪五六十年代，西方公共选择理论以现代经济学的分析方法，把人类的政治行为和经济行为作为统一的研究对象，将微观经济学中的"理性经济人假设"引入公共治理领域，把处在公共部门的官员当作理性、追求效用最大化的"经济人"来对待，并从实证分析的角度出发，运用"成本—效益"分析法，对政府公共选择与个人的偏好二者关系进行了解释，对政治决策机制如何运作和民主立宪等政府治理问题进行探讨。该理论最基本的一个观点是，处在公共部门的政府官员与市场参与者一样，都是理性的行动者，都是在追求个人利益最大化的"经济人"。虽然我国有着与西方国家不同的政治制度，政府运行的决策机制与治理环境也有所差异，但在进行公共管理活动中，公共选择理论的"经济人假设"这一基本观点和分析思路为研究我国财政制度和政府决策管理问题提供了有益的启示，并为改革和完善我国的财政决策机制提供了很好的借鉴。因此，本书论述过程中遵循了公共选择理论关于政府及政府官员"经济人"的假设。同时，为了贴合我国政府的实际情况，更加客观地分析其行为，本书对公共选择理论中的"经济人"假设做了一些必要的修订。

1. 受约束的"自利"

依据公共选择理论中的"经济人"假设，自身利益的最大化是政府所追求的目标。政府作为利益主体，自身利益是一个复杂的目标函数，其中不仅包括政府本身应当追求的公共利益，也包含其官员的个人利益，以及以地方利益和部门利益为代表的小集团利益。因此，政府虽掌控着众多资源，但在追求利益最大化的过程中也不能随心所欲、恣意妄为，其行为亦受到利益内在规律的约束。在我国，中央政府和地方政府从一定意义上说，均是具有独立利益的行为主体，都在追求自身利益最大化，但各级政府为追求利益最大化的竞争行为也并非无章可循。中央政府的根本目标是国家的长治久安，以及其官员治国理政思想的实现；对地方政府而言，根本目标则既有地方的繁荣发展，也有其官员获得上级首肯，乃至获得升迁。进一步具体到我国县级财政管理的实践中，尽管其财政支出最终由县领导决定，但实际上支出所涉的方向和事务早已一分为三。其一，由中央政策或上级政府决定；其二，基于民主集中制原则由县级领导班子集体决定；只有最后一部分由县级领导个人自由裁决。从中可以看出，政府及其官员的行动包含了个体与公共目标因素，在这种混合目标的激励与相应约束条件下，理性的政府及其官员会考虑不同利益需求，并努力实现各方利益的均衡，而非简单的个人利益最大化。因此，本书虽遵循"经济人"假设，但分析过程中也会充分考虑到各级政府的"自利"行为所受到的约束条件。

2. 具有机会主义行为倾向

在信息不对称的情况下，人们不完全如实地披露所有信息的行为，被称为机会主义行为，一般是以虚假或空洞的非真实威胁或承诺谋取个人利益及损人利己的行为。经济学中的机会主义概念由威廉姆森（Williamson）首先提出，他认为人在经济活动中总是尽最大能力保护和增加自己的利益，只要有机会，就会损人利己。机会主义行为使社会经济活动处于混乱无序状态，造成资源极大浪费，给社会带来难以估计的损失，阻碍了社会的发展。[①]"经济人"假设中，政府以其自身利益最大化为目标，而非以公众利益最大化为目标，且由于政府对其经营业务有着自然的垄断性，可以利用其垄断地

---

① 安文斌. 企业人力资源管理外包服务质量风险及规避研究［D］. 西南大学硕士论文，2011.5.

位封锁一部分公共产品所涉及的资源和成本信息。因此，公民代表、司法和审计等监督者根据被监督者——政府，提供的不完备信息进行监督，其实效是大打折扣的，政府及其官员存在利用其权力进行"寻租"的机会主义倾向。在我国，各级政府往往以使自己掌控更大的经济规模并获取更多的财政收入为目标，而其官员的行为往往以自利为取向，在履行公共职责的同时，更多地考虑权力寻租。随着地方政府利益主体地位和意识的增强，地方政府与中央政府之间的利益出现异化偏差，并且由于上下级政府间信息不对称而产生的委托—代理问题，都决定了目前我国各级政府普遍具有机会主义倾向。对此，本书将在论述中给予重点关注。

3. 有限的"理性"

有限理性的概念最初由美国经济学家阿罗（Arrow）提出，他认为有限理性就是人的行为"即是有意识地理性的，但这种理性又是有限的"。公共选择理论中的"经济人"寻求的是可为他所用的一切备选方案当中的最优者。可是，一般情况下，"经济人"面临的却常常是复杂的、不确定的、信息不完备的环境，再加上有限的计算能力和认识能力，不可能做到应知尽知。因此，寻求一个令人满意的或足够好的行动程序的假设，拉近了理性选择的预设条件与现实生活的距离。当前社会转型期，我国各级政府在财政管理实践中，面临的施政环境非常复杂，寻求最优方案成本较高且不易实现。鉴于此，本书借鉴有限理性的概念，将政府预设为有限理性的"经济人"。

（二）分析框架

本研究属于描述—解释型研究，研究的核心问题是县级政府在财政收支活动中的自主性如何，并试图对这一情况进行解释说明。本书依据财政分权理论以及公共选择理论，以"理性官员"为基本假设，采用定性研究和案例研究方法，首先概述了我国县级财政体制的总体情况，从体制改革的变迁轨迹到财权事权的安排和特点都一一进行梳理总结，接下来是对H县的财政收入和财政支出的自主性分别进行描述，文中的自主性主要包含两方面含义，即独立性与能动性，从这两个意义上来讲，财权与收入结构、事权与支出结构分别表现了静态层面上的财政独立性，而收入和支出中的策略选择以及所产生的积极、消极后果则体现出 H 县财政收支中的动态的实践层面上的自主性表现。在对收支自主性进行描述分析后，笔者运用 SAF 框架，从制度 – 行动者 – 场域三个维度对前面的自主性表现进行解释分析，进而揭示县级政府财政收支中所受到的约束与激励机制。最后在结论的基础上，对我国未来的公共财政体制的构建提出一点设想，具体分析框架见图 1 – 1。

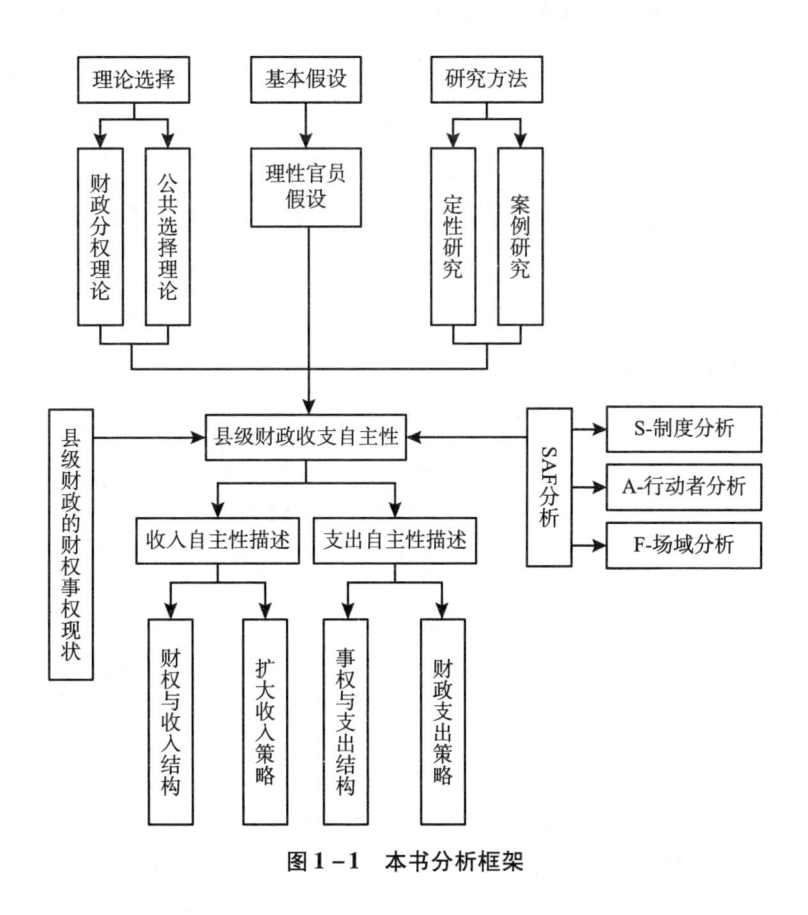

图 1 – 1　本书分析框架

（三）全书结构

本书结合财政分权理论、公共选择理论，按照提出问题、分析问题的思路，形成了对县级政府财政收支自主性问题的研究框架，包括导论、五个章节及结论共七个部分。

首先是导论，介绍了本书的研究背景，从而引出研究问题以及其理论和实践意义，并对可能的创新性与研究的局限性加以说明。这部分是全书的逻辑起点。

第一章介绍了本研究的理论基础、文献综述以及分析框架。在界定基本概念的基础上，对所选择的理论进行介绍说明，之后对本问题的相关研究进行了文献述评，最后说明本研究的研究方法以及采用的分析框架。

第二章对中国县级政府的财政体制进行了概述，首先梳理了我国财政体制的改革轨迹，在此基础上对县级政府的财权事权、收入构成与支出分类进行描述归纳，并介绍了事权财权划分的国际趋势。

第三章主要对H县在财政收入组织中的自主性进行描述，首先介绍了H县的财权，继而对财政收入的规模和结构进行分析。其次，通过描述H县在扩大财政收入过程中所采取的策略，对向上索取与向下两个维度进行分析探讨。分析表明，在既有财权的制度安排下，县级政府的自身利益的凸显愈加明显的情况下，获得更多的财政收入成为县级政府的行为逻辑。为了更好地发展地方经济，实现财政资金的最大化扩张，县级政府向上通过"跑项目"和"报项目"的策略赢取了更多的专项资金的支持与补助，向下则通过招商引资、土地财政、非税收入增收等培植财源策略实现了可支配财力的增加。由于预算约束的软化以及制度缝隙的存在，作为理性行动者的地方政府及其官员，在收入组织上呈现出扩张性与非规范性，在制度内的收入自主权不足的情况下，积极寻求对制度外资金的获取，自主性扩张的冲动较大。

第四章重点对H县财政支出中的自主性进行了描述，首先介绍了H县的事权，继而对财政支出的结构与规模进行分析，研究发现，H县的财政支出呈现出软—硬二元化的特征。其次，分别对H县在软硬支出安排中的策略选择进行描述分析，发现在财政硬支出的安排上，H县出于政治考量的要求，采取了"五保"优先策略，出于对自身利益的维护，采取了基础加增长的策略，造成了行政支出的扩张。在财政软支出上，H县更是将自主性得以更大程度的发挥，受我国财政分权体制下官员政绩考核体系影响，为了在激烈的官员竞争中胜出，H县不仅在支出裁量上更倾向于政绩外显的事务，并且通过各种形式上的变通实现支出的扩张和自主，相比财政收入的组织，县级政府财政支出的决策具有更强的自主性（或自由裁量性），但这种自主性也表现出一定弊端。

第五章是全书的核心部分，主要是通过 SAF 框架，来对县级财政收支的自主性状况进行解释说明，试图从制度层面、行动者层面以及场域层面分析收支自主性形成的内在原因。分析了政治体制、经济体制以及财政体制对县级财政收支活动产生的影响，收支自主性的程度大小也是在制度的激励和约束下，在分权与集权间游走变化。行动者分析是对财政收支活动中涉及到的主要利益相关者进行解读，从其自身立场和所处情境来分析自由裁量发生的过程，理性经纪人假设为其提供了理论支出。场域分析是把财政收支活动放入县域政治治理场中，一体化治理模式以及地缘网络的建构为自主性的发挥提供了新的解释框架。

本书的最后是结论。综合全书内容，得出如下结论：由于现有制度缝隙的存在，实质性权力得以扩张，为县级政府财政自主性的增强提供了空间和条件。这种自主性的发挥一定程度上促进了经济的发展，扩大了县级政府的可支配财力，但与此同时，自主性的"双刃剑"效应得以凸显，若不加以约束限制，其超常发挥将会在突破行为边界的同时，造成财政资金的浪费与滥用、经济建设的盲目发展、公共服务的供给不足等不良结果。唯有在制度内给予地方政府更多的财政自主权，明确地方政府的行为框架，强化制度硬约束。在此基础上，再充分发挥地方政府的自主性，方能优化财政收支活动，使财政体制向着公共财政、民生财政迈进。

第二章　中国县级财政体制概述

一、中国财政体制改革的基本历程

随着国家经济体制、经济结构以及行政管理方式的变化，我国财政体制不断变革、完善，特别是改革开放 30 多年来，为促进经济发展，适应社会主义市场经济体制，我国财政体制经历了几次较大规模的调整、改革。根据各阶段财政管理体制的特点，笔者认为我国财政体制演进大致经历了三个时期。下面按照时间顺序，将对这三个时期展开逐一介绍。

（一）计划经济时期："一灶吃饭"模式

中华人民共和国成立至改革开放前，我国经济体制为计划经济体制，财政方面施行高度集中的"统收统支"体制，除地方税和个别零星收入外，所有财政收入均归属中央，省市县各级政府的财政支出均由中央统一审核、逐级拨付。同时，国有企业的所有利润或盈余均需上缴，各项支出则通过国家财政拨款来满足。财政管理方面，从税收制度、经费标准、收支程序到财政部门行政人员的编制等均由中央政府统一规定。这种财政体制下，从中央到地方，全国各级政府、各家国有企业"一灶吃饭"。

对于县级财政来说，从 1953 年拥有财政主体地位，作为我国财政体制中独立的一级财政，在"一灶吃饭"的模式下，经历了较为频繁的调整和改进，具体详见表 2-1：

表 2-1　　　　　　1953~1979 年县级财政体制变迁轨迹

年份	县级财政体制	年份	县级财政体制
1953	"划分收支、分级管理"	1968	"收支两条线"
1954~1957	"分类分成"	1969~1970	"总额分成、一年一变"
1958	"以收定支，五年不变"	1971	"定收定支、收支包干、保证上缴（或差额补贴）、结余留用、一年一定"
1959~1960	"收支下放、计划包干、地区调剂、总额分成、一年一变"	1972~1973	"超收分成"，其余基本与 1971 年相同
1961	继续实行"总额分成、一年一变"	1974~1975	"收入按固定比例留成、超收另定分成比例、支出按指标包干"
1962	"总额分成、加一部分固定收入"	1976~1977	"收支挂钩、总额分成、一年一变"
1965~1966	恢复实行"总额分成"加"小固定"	1978	除实行原有体制外，又在部分省市试行"收支挂钩、增收分成"体制
1967	又实行"完全总额分成"	1979	除江苏省实行"固定比例包干"，其余省市（民族自治区除外）改行"收支挂钩、超收分成"体制

资料来源：赖艳华.新中国县级财政体制演变述评 [J].宁德师专学报（哲学社会科学版).2005（2）：1-7.

（二）1994 年以前的财政包干制："分灶吃饭"模式

1978 年底，我国开始推行经济体制改革，原来的计划经济体制逐步向社会主义市场经济体制过渡。财政体制改革方面，根据党的十一届三中全会精神，总体思路是：改变以往高度集中的财政管理体制，根据社会主义市场经济的内在要求，通过权利下放、适度松绑等方式，调整中央与地方，以及各级政府与国有企业的关系，从而解放生产力，促进经济增长。根据这一基本思路，自 1980 年开始，除北京、天津、上海继续实行原"总额分成，一年一定"的财政体制外，其他各省、自治区则实行了"划分收支，分级包干"的财政体制。具体在地方财政收入方面，地方完成中央下达的税收任务后，超出任务的部分按照1∶3的比例由中央和地方分成，并由地方政府自由支配使用；支出方面，则实行中央财政和地方财政各自分别支出的模式。同时，在1983年和1985年我国对国有企业分两步实施利改税，通过税种设置，将国有企业利润或盈余按比例划分为中央固定收入、地方固定收入及共享收入，按隶属关系将企业支出划分为中央与地方支出，并根据不同情况进行上解、分成、补助。1985年和1986年，我国又在原收支划分、财政包干的基础上，进一步明确除中央财政固定收入不参与分成外，地方财政固定收入、财政共享收入实行总额分成，并同地方财政支出挂钩。

通过此次改革，我国财政体制从"一灶吃饭"的统收统支管理模式过渡到"分灶吃饭"的包干预算管理模式。这是我国财政体制的一次重大改革，财政收支结构、财权及财力分配均发生了重大变化。这一体制尽管没有赋予地方政府改变税率和税基的权力，但由于改革过程中税法本身不够严密，且缺乏行之有效的税收监管，使地方政府拥有了实际的税率和税基决定权，一定程度上赋予了地方政府对某些财源的"所有权"，造成了财源分散。同时，由于改革时期财政分配制度的不稳定性和制度限制，地方政府缺乏正式的税收权力，以及可预期的上级政府转移支付，加之上下级政府间信息的不对称，促使地方政府积极寻求预算外资金扩张，使中央政府在与地方政府之间纠缠于"讨价还价"，进而造成财政管理困难，财政收入增长缓慢。

这一时期，我国县级财政体制也从财权高度集中的"一灶吃饭"模式，逐渐演变为"分灶吃饭"下的包干体制。

（三）1994年的分税制：财权分权模式

随着我国经济体制改革的不断深入，"划分收支，分级包干"的财政管理模式与社会主义市场经济体制日渐相悖，且这种财政体制在"包活地方"的同时却在"包死中央"，中央政府面临巨大的财政压力。因此，1992～1993年，我国在辽宁、浙江、新疆、天津、武汉、沈阳、大连、重庆等省区市相继进行了分税制改革试点,并于1994年在全国范围推行分税制,至1996年推广到县一级财政,继而陆续推广到乡镇等最基层财政。此次改革在不触动地方既得利益的情况下,对财政收入的增量分配进行了适当调整,采取了所谓"三分一返"的做法,即划分收入、划分支出、分设税务机构、实行税收返还。① 在这种新的财政管理模式下,我国依据事权与财权相一致的原则,将各税种划分为中央税、地方税和中央地方共享税三类。② 按照中央与地方的事权划分,明确了各级财政的支出范围;设立国税与地税两套税务机构分别负责征管中央税、地方税和中央地方共享税;同时逐步完善了中央财政对地方的税收返还和转移支付制度,建立健全了分级预算制度,硬化了各级预算约束。③

21世纪以来,针对分税制财政管理模式运行过程中出现的新情况,我国按照扩大地方政府财权,调动地方政府理财积极性的思路,又进行了一系列的财政体制调整。2002年,改变过往按企业隶属关系划分所得税收入的办法,实行所得税中央与地方按比例分享。2003年,党的十六届三中全会提出"简税制、宽税基、低税率、严征管"的税改原则,作出"分步实施税收制度改革"的战略部署。2004年,我国首先在东北老工业基地八大行业中进行增值税改革,并将税改成果逐步推广至中部六省部分城市。2008年1月1日,我国颁布新的《中华人民共和国企业所得税法》,规定了税收收入的跨辖区分配新措施。从这些新的制度可以看出,我国财政体制明显呈现出分权趋势。

1994年以来的分税制改革显著提高了中央收入在财政总收入中的比重,有效抑制了地方预算外资金扩张,中央财权得到集中与强化。通过此次改革,我国财政体系呈现出三个主要特征:首先,财政支出责任不断下移。从财政包干到分税制改革,省级及其以下各级政府支出占政府总支出比例持续

---

① 赖艳华. 分税制改革下的县级财政研究——以福建省为例[D]. 福建师范大学硕士论文,2004.
② 王春娟. 县治的财政基础及其变化——对湖北一个县的实证分析[M]. 武汉:湖北人民出版社,2007.
③ 国务院关于实行分税制财政管理体制的决定[N]. 湖北政报,1994-02-01.

增加。其次，地方政府财政自给能力下降。分税制改革以来中央收入占财政总收入比重显著提高，中央政府开展大型基建项目，提高资源配置均等水平，调节宏观经济能力不断增强。但同时，省级及其以下各级政府财政自给能力下降，且财政收支缺口有逐渐扩大的趋势。最后，地方政府特别是基层政府对中央转移支付的依赖性增强。由于近年来的税制改革，税收返还比重大幅下降，使各级地方政府更多地依赖中央的转移支付制度。

这一时期，我国县级财政体制也从"分灶吃饭"下的包干体制，改革完善到相对规范的分税制财政体制。香港中文大学政治与公共行政系教授王绍光认为，政府总是尽力掌握更多受自己支配的财源，而扩大政府财源的方法除了与社会争夺外，就是上下级政府之间争夺财政资源。中央集权的财政体制建立以来，国家与社会间财力分配的斗争大体终止，因此对于财源的争夺就必然集中在中央政府采取各种手段集中财源、强化财权，而地方政府则想尽办法减少对中央财政的贡献以谋求地方利益，这正是中央与地方围绕财源分配展开博弈的根本原因。中华人民共和国成立至今的60多年来，我国"分成体制—包干体制—分税体制"的财政体制改革轨迹深刻反映了中央和地方财力博弈的格局。这种政府间利益格局的调整，不仅加快了财政制度的创新发展，而且一定程度上促进了财政体制变迁的进程。

二、县级财政中的财权及收入构成

（一）现阶段我国财权安排的基本现状

财权是政府实现财政收入的保障和前提，其界定应该以事权的多寡为依据。在现阶段，政府财权主要包括税收收入、非税收财政收入、中央和省级财政的转移支付等收益的立法权、征管权和支配权，同时包括一些财政政策的制定权和实施权。1994年的分税制改革，重新梳理了中央和地方政府间的财政关系。在形式上，对各级政府的财权进行了明确的划分界定，为政府收入的取得提供了相对稳定的制度保证。在政府收入构成中,税收是现阶段我国各级政府收入的主要构成部分,财权划分的主要内容便是税权在各级政府间的划分情况。中央把大额的、容易征收的税种划为己有,将难以征收的、数量小的税种留给了地方。

1. 中央与省级政府间的税权安排

1994年的分税制改革,改变了过去的财政包干体制下的政府间财政关系,确立了中央与地方的收入划分的基本框架,通过后来的一些对个别税种(诸如个人所得税、个人所得税、屠宰税、农业税等)的多次调整,现已形成了相对稳定的财权安排结构,即将税收划分为中央税、地方税和地方共享税三部分,并设立两套征管机构分别进行各自税种的征缴管理。中央固定收入主要包括关税、消费税、海关代征消费税和增值税,以及来自铁道部门、商业银行总行等部门的税收等。这些税种的特点是数额大、易征收,且税源稳定,具有一定的保障性。地方固定收入主要包括营业税(不含铁道部门、商业银行总行和保险总公司集中交纳的营业税)、固定资产投资方向调节税、城镇土地使用税、城市维护建设税(不含铁道部门、商业银行总行、各保险总公司集中交纳的部分)、车船税、房产税、印花税、农牧业税、耕地占用税、契税、遗产和赠与税、土地增值税、国有土地有偿使用收入等。① 这些税种的特点是数额小、难征收,且零散不集中,税种的数量看似多样,但总量却不及中央收入。中央与地方共享收入主要有:增值税、企业所得税、个人所得税、资源税、证券交易税等。这些税收收入在中央和地方之间按照一定的比例划分,不同税种比例不同。② 其中,增值税是按照中央占75%,地方占25%的比例分成,个人和企业所得税按照中央占60%,地方占40%的比例分成。分税制实行当年,为了照顾地方的既得收益,中央对地方实行税收返还,返还额在1994年基数上逐年递增,递增率按全国增值税和消费税的平均增长率的1∶0.3系数确定。③

---

①② 国务院关于实行分税制财政管理体制的决定 [N]. 湖北政报,1994 – 02 – 01.
③ 宋立. 我国公共服务供给中各级政府事权财权配置改革研究(主报告)[J]. 经济研究参考,2005(25):2 – 30.

2. 地方省级政府以下的税权安排

在中央与省级政府之间确立了分税制财政体制以后，各个省级政府在本级政府和下级政府之间的财权分配上，也纷纷按照分税制的原则进行重新安排划分。① 但由于中央没有提出明确的要求，只是要求各省因地制宜，各自主导，所以不同的省在对下级政府的收入进行划分方面呈现出不同的标准和方式，尽管如此，各个省市、市县及县乡之间的财权安排还是具有一定的相似性，在个别税种税率的划分上可能有些差异，但基本原则保持一致，即上级政府有权决定下级政府的收入划分，财政收入呈现出层层上收的情况。由于我国各个地方政府在组织设计上的同构性，加上各级政府的利益主体地位日益凸显，上级政府为了维持自身利益，采取了跟中央政府同样的做法，即将数额大、税源稳的税种作为与下级政府共享税，同理，将零散的、难征的、数额小的税种留给下级政府，这就造成越是基层政府，财政收入越是大幅度下降，近些年的县乡财政困难就说明了这一点。②

3. 中央对地方的转移支付

上文提到，中央通过分税制提高了中央财政收入占财政收入的比重，财权层层上收的同时，事权责任却层层下放，基层政府陷入财政困境。为了使地方政府的既有利益保持不变，缓解地方政府由于事权增多而面临的财政压力，中央对地方政府实行税收返还政策，与此同时给予大量的转移支付。形式上，地方政府的收入比分税制改革前并无太大差异，但本质上已发生改变。税收返还和转移支付是中央政府为平衡地方利益所采取的暂时的权宜之计，并非制度化分权。此外，中央政府的控制权大大增加，转移支付的构成中，专项转移支付占的比重相对较大，地方政府无权自由支配，且要加以一定的地方配套资金，因此可以说，地方政府尤其是县级政府的财权被削弱，

---

① 宏观经济研究院课题组. 公共服务供给中各级政府事权、财权划分问题研究 [J]. 宏观经济研究, 2005 (5): 3-8.

② 国家发改委宏观经济研究院课题组. 我国公共服务供给中各级政府事权财权配置改革研究 [J]. 经济研究参考, 2005 (25).

出现向上集中的趋势。

（二）现阶段我国财权安排的主要特点

在对我国现阶段的各级政府间的财权安排有所了解之后，我们不难发现，这种安排有如下几个特点：

1. 财权上移，税权过于集中在中央，地方税权不足

分税制改革初步上实现了对中央和地方的税权进行划分，基本上解决了政府间的税收收入分割问题，在一定程度上确保了中央政府的税收收入，这不仅有利于加强中央的宏观经济调控能力，同时也为全国贯彻统一的财税政策提供了必要条件。但值得一提的是，地方政府的财权却因此而逐步缩小，由于分税制只明确了中央与省级政府之间的财权分割，省级以下的新体制由所在的省、市独立进行，出于维护自身利益和加强调控的考虑，上级政府往往照搬中央的做法将良性税种划为本级收入或共享收入，这就造成财权层层上移，收入逐步上交的局面。现行税制下，中央除掌握中央税、共享税的立法权以外，还负责各个税种实施细则的颁布和制订，地方税的权限也都大部分集中在中央，具体包括地方税的立法权、解释权、开征停征权、税目税率的调整权等，省级政府只是在一定范围享有一些行业部分产品的税收减免权而已。① 对于作为地方税主要组成部分的工商税，地方政府仍旧没有制订具体实施细则的独立的立法权，地方税权的特色很不明显，其体系的建设尚不健全。

2. 地方政府自主调节预算内收入能力不强

受到新体制的影响，下级政府往往是上级政府制定的财权分割规则的被动接受者，越是基层政府，其对本级财政的预算内收入的调节能力就越弱。

---

① 宋立. 我国公共服务供给中各级政府事权财权配置改革研究（主报告）[J]. 经济研究参考, 2005（25）: 2-30.

中央政府对税权的集中统一导致地方政府在财权上的弱化，在一定程度上削弱了地方政府开辟税源的积极性。同时，税收立法权集中于中央，使得一些税收政策的贯彻灵活性差，往往与地方的实际情况有所背离。我国人口众多，地域辽阔，各地的资源禀赋、社会条件、经济发展水平有着很大差异，财力的大小，事权的需要不尽相同。立法权的过于集中，不利于地方政府因地制宜的进行财政收入组织活动。近些年，随着政府财力差距的不断扩大，为了满足日益增长的财政支出的需要，一些不发达地区特别是西部地区，以基层政府为代表的地方债务不断壮大，由于对预算内财政收入自主权的缺乏，地方政府积极寻求预算外收入的扩张，在正常税收之外开征项目、摊派、集资、设基金，这些因"堵正门、开偏门"而制定的"准税收政策"大都不规范，不仅加重了企业的负担，侵蚀了地方税源的税基，同时也助长了地方政府的不正之风，损害了政府的形象和公信力。①

3. 财权安排缺少法律层面的支撑

现行的关于地方政府财权安排的法律规定大都是来源于中央政府下发的有关条例和实施细则，适用于地方税权的专有法律目前还没有出台。在省级以下的财权安排上，各级政府间的收入划分更是具有行政内放权的性质，缺乏较为稳定和正式的制度安排，法律层面的支撑更是薄弱。各级政府间的财权关系的调整大多是通过上级政府下发的"红头文件""通知""决定"来执行，规范性不足。由于法律约束的缺失，下级政府的利益得不到保障，财权划分的内在稳定性受到冲击，上下级政府在博弈中维护各自利益的同时，也在为获得更大的自主空间而不断地延伸其行为边界。此外，转移支付制度尚待完善，很多专项资金的设置和给予具有很大的随意性，缺乏统一规范的制度层面的设计安排。由于法律约束的相对不足，谈判成为中央和地方进行财政分权的主要方式，法律依据在财政关系的调整中也同样有限。此外，转移支付作为财政收入再次分配的主要形式，也缺乏相关制度上的设计。

---

① 梁春贤. 多级政府间财权划分的思考［J］. 中国国情国力，2011（5）.

（三）县级财政收入的分类构成

财政收入，是指政府为履行其职能、实施公共政策和提供公共物品与服务需要而筹集的一切资金的总和，是政府从事一切活动的物质前提和经济基础，其总体规模反映一级政府财力的总体状况。根据分类方式的不同，地方财政收入的分类构成也有所不同。概括起来，主要有以下几种情况：

1. 按照是否纳入国家财政的预算管理体系为标准划分

这种分类是以取得的财政收入是否纳入国家预算的统一管理来界定的，按照这一标准，县级财政收入主要分为预算内收入和预算外收入两种。预算内收入是完全纳入财政管理的收入，它的收入来源和支出渠道有明确的管理制度，都在政府的严格管理、支配和监督之下，是县最主要的收入。[①] 通常情况下，预算内收入在财政总收入中的比重，是县级财政自主性强弱的体现，比例越大，上级政府的控制程度越强，自主性自然较弱，相反，比例越小就意味着自主性相对较强。在预算内收入中，税收收入可算是最为主要的构成部分。由于取得收入的形式和渠道相对规范，因此是"显性"收入，更易于受到上级政府的监督和控制。对于预算外收入，我国的财政部门将其定义为"国家机关、事业单位和社会团体为履行或代行政府职能，依据国家法律、法规和具有法律效力的规章而收取、提取和安排使用的未纳入国家预算管理的各种财政性资金。"[②] 主要包括行政事业性收费、罚没收入、国有资产经营收入、专项收入、其他收入等。实践中，行政事业费以及罚没收入是构成预算外收入的主要部分。预算外收入的出现有着特定的历史背景，是我国的一大特色。中华人民共和国成立初期，由于国家财政资金的不足，一些基本的行政经费开支不能得到财政支持。为了缓解这一收支困境，国家允许地方将一些零星的收入化为自收自支范畴，实行自我管理，预算外收入

[①] 王春娟. 县治的财政基础及其变化 [D]. 华中师范大学博士论文，2007.
[②] 国务院 1996 年 7 月 6 日下发的《国务院关于加强预算外资金管理的决定》的文件。

就这样得以最初形成。1994年实行分税制改革后,地方政府的预算外收入得到空前的膨胀,随之而来的是更多的负效应。很长时间以来,预算外收入由于游离于预算管理之外,而得不到全国人大常委会和公众的有效监督,这笔收入更成为一种看不清道不明的糊涂账。为了减少预算外收入带来的负效应,中央也相继出台了若干政策法规以加强对预算外资金的管理和监督。2007年,我国对政府收支分类再次进行了全面的改革,其意图就在于建立与市场经济体制相适应的预算管理收支科目分类体系,其中较为重要的一项改革便是将预算外收入列为非税收入,纳入预算管理。① 至此,"预算外收入"在国家文件中正式成为过去,"非税收入"取而代之,成为规范化程度更高的一种财政收入项目。值得一提的是,2007年所进行的政府收支分类改革,只是在形式上对财政收支进行了规范,并非制度性的根本变革,非税收入虽然被写进政府的财政收支报表中,但其管理的基本流程与方式并未发生实质改变,与过去的预算外收入并无本质区别,即只是形式上被纳入政府收入分类体系中,但在运作中并未完全纳入预算管理中来。

2. 按照财政收入的来源和性质为标准划分

这种是以收入取得的来源和性质为标准进行的分类,我国新的政府收支科目将收入分为六类,具体包括:税收收入、非税收入、社会保障基金收入、贷款转贷回收本金收入、债务收入及转移性收入。在新的收入分类中扩大了涵盖范围,增加了社会保险基金收入并将预算外收入纳入"非税收入"类中加以统计。

(1) 税收收入。分别由税务、财政部门依法征收,县级政府的税收收入主要包括税务机关征收的消费税、营业税、增值税、个人所得税、企业所得税、资源税、车船税、土地增值税、城市维护建设税、房产税、城镇土地使用税、土地增值税、印花税、屠宰税、筵席税、固定资产投资方向调节税以及财政部门征收的农业税、农业特产税、耕地占用税、契税等。

(2) 非税收入。非税收入是指中央部门和单位按照国家有关规定收取

---

① 财政部印发《政府收支分类改革方案》,2006年2月10日。

或取得的行政事业性收费、政府性基金收入、罚没收入、专项收入、国有资本经营收入、国有资源（资产）有偿使用收入、贷款转贷回收本金收入以及其他收入等：

①行政性收费指国家行政机关、司法机关和法律、法规授权的机构，依据国家法律、法规行使其管理职能，向公民、法人、社会团体和其他经济组织收取的费用，具体包括各种管理性收费、资源性收费和证照工本费、证照费及其他各项行政性收费[①]；

②专项收入指具有特定来源，按照特定目的设立的，并规定有专门用途的收入，主要包括征收排污费收入、教育费附加、矿产资源补偿收入等；

③政府性基金是指为支持某项事业发展，按照国家规定程序批准，向公民、法人和其他组织征收的具有专项用途的资金，主要包括国有土地收益基金收入、国有土地使用权出让收入、城市公用事业附加收入、地方教育附加收入、散装水泥专项资金收入、新型墙体材料专项基金收入、旅游发展基金收入、文化事业建设费收入等；

④罚没收入是指国家行政执法机关依据国家法律、法规及规章规定，对当事人的违法行为进行罚款、没收非法所得、没收非法财物所形成的收入；

⑤国有资本经营收入是反映各级人民政府及其部门、机构履行出资人职责的企业（即一级企业）上交的国有资本收益。主要包括利润收入、股利股息收入、产权转让收入、清算收入、国有企业计划亏损补贴、国有资本经营收入退库以及其他国有资本经营收入等；

⑥国有资源（资产）有偿使用收入反映有偿转让国有资源（资产）使用费而取得的收入，主要包括场地和矿区使用费收入、特种矿产品出售收入、专项储备物资销售收入、利息收入、非经营性国有资产收入、出租车经营权有偿出让和转让收入以及其他国有资源（资产）有偿使用收入等；

⑦其他收入主要包括捐赠收入、乡镇自筹和统筹收入、彩票发行机构和彩票销售机构的业务费用、成品油价格和税费改革清退补缴收入等收入。

（3）社会保险基金收入。按照保险基金的不同性质，社保基金收入可

---

① 王春娟. 县治的财政基础及其变化［D］. 华中师范大学博士论文，2007.

以分为基本养老保险基金收入、失业保险基金收入、基本医疗保险基金收入、工伤保险基金收入、生育保险基金收入、新型农村合作医疗基金收入、城镇居民基本医疗保险基金收入、新型农村社会养老保险基金收入、其他社会保险基金收入。按照基金的来源，社保基金收入包括社会保险费收入、利息收入、财政补贴收入、转移收入、上级补助收入、下级上解收入、其他收入等。虽然依据收入实质和收支分类的要求，社会保险基金收入应作为地方政府收入的反映，但是在实际操作中，一些地方并没有将这些收入作为地方财政收入进行管理，使之独立于现行地方财政收入体系。①

（4）贷款转贷回收本金收入。主要包括：一是国内贷款回收本金收入，指的是收回的技改贷款及其他财政贷款本金收入等；二是国外贷款回收本金收入，指的是收回的我国政府向外国政府和国际组织贷款的本金收入；三是国内转贷回收本金收入，指的是收回的政府部门向外国政府、国际金融机构借款转贷给地方政府、相关部门和企业的款项；四是国外转贷回收本金收入，指的是收回的中央政府部门向外国政府、国际金融机构借款转贷给国外有关机构和企业的款项。

（5）债务收入。主要包括国内债务收入和国外债务收入两方面。在国内债务收入里面，只有财政部代理发行地方政府债券收入是作为地方收入，其他均为中央收入科目。国外债务收入里面则全部归为中央收入科目里面。

（6）转移性收入。在计划经济时期和包干制时期，转移支付的形式比较简单，包括决算补助、定额补助、单独结算补助以及专款等。1994年，分税制改革后，转移性收入的形式较为多样化，主要包括：返还性收入、一般性转移支付收入、专项转移支付收入、政府性基金转移收入、上年结余收入、调入资金、债券转贷收入等。其中税收返还和专项补助是最主要的转移性收入，且最为稳定。返还性收入主要指的是税收返还，是政府按照国家有关规定采取先征后返（退）、即征即退等办法向下级政府返还的税款，属于以税收优惠形式给予的一种政府补助，是年年都有的经常性收入返还。专项转移支付又称有条件补助，是指对所拨出的资金规定了使用方向或具体用途

---

① 王春娟. 县治的财政基础及其变化 [D]. 华中师范大学博士论文，2007.

的转移支付方式，受援地方必须按规定要求运用该种资金。安排专项补助一般是为了配合宏观调控政策、解决区域性公共产品外溢问题或促进特定公共事业的发展（见表2－2）。

表2－2　　　　　　　　转移支付的理论划分[①]

分类标准	具体类型	用途或特点
按地方政府是否可以自主性安排和使用转移支付资金的数额和用途分	一般性转移支付，又称均等化转移支付、无条件转移支付、指定用途转移支付	直接增加地方政府的可支配财力，能够弥补纵向和横向财政失衡造成的地方财政缺口；在地方政府标准财政收支测算的基础上，运用公式计算各地方应获得的转移支付份额
	专项转移支付	由拨款的上级政府限定在特定的范围之内，地方政府在得到这类转移支付后，不能随意变更使用数额和方向
按转移支付是否需要接受方提供配套资金划分	配套转移支付	要求接受方提供一定比例的配套资金，意在使中央政府与地方政府共同承担提供公共服务的职责
	非配套转移支付	不要求接受方提供配套资金
按转移支付是否有限额划分	有限额的转移支付	转移支付的支付方给接受方规定一个转移支付的最高限额（closed ended），接受方在资金使用过程中不得突破总额
	无限额的转移支付	没有总额控制的转移支付，即上不封顶

三、县财政中的事权及其支出分类

事权是指政府在其范围内的管理职责。每一级政府都担负了一定的政治、经济与社会等相关具体任务。科学、合理地界定政府的事权范围是其实行分税制的重要基础，是处理各级政府间财政关系的关键所在。只有在科学划分出各级政府的事权范围的基础上，才能划分出财政支出范围，再据此来

---

① 王元. 改革完善统一规范透明的财政转移支付制度［J］. 经济研究参考，2009（27）：31－44.

划分相应的税源，并同时建立起以各自的主体税种为核心的税收体系。

（一）我国政府间事权安排的基本现状

我国的宪法中，对于行政区划以及各级国家机关的相关职权作出了明确的划分，中央以及地方政府的职责范围同样有着原则性的规定。在我国宪法中，中央政府主要负责大政方针的制定，基本国策的确立，主要职责有：国家层面的行政管理、经济社会发展规划、国民经济管理、国家财政预算、公检法、外交、国防、城乡建设规划、教科文卫政策、体育运动、计划生育、民政管理、民族宗教事务以及侨务等。地方政府则负责其辖区内的公检法、教科文卫体、计划生育、城乡建设、民政及民族事务等。1994年施行的分税制改革无疑是对中央和地方之间的税务状况进行了详细划分，对国家财政主要承担的项目进行了严格的规定，对于地方政府而言，本地区政府相关机关的运转支出以及地区经济发展支出是其主要承担的部分。当前，我国正处在社会主义市场经济体制的完善之中，与其对应的是，制度、政策的调整、匹配和完善都不是一劳永逸的，需要一个过程。对于政府机构的具体改革而言，势必需要一些独特的视野和采取不同的方法，政府的职能定位和工作重点选择需要不断与变化发展的环境相适应。对于政府事权而言，在新形势下进行适时、适当地安排、配置、谋划就显得格外复杂和重要。

需要清楚的是，我们探讨的事权与公共财政视野下的政府事权是有极大差别的。比照而言，对尚且没有折射社会公众需求的事权是不在其列的，诸如政府对直接生产私人产品的国有企业所进行的补贴和支付等权限。就我国的府际关系而言，中央政府与地方政府之间，地方政府的上下级关系之间都会呈现一定的状态，即上级政府是任务的赋予者，而下级政府往往是任务的承受者，对于下级政府困难的事情是，"上级"给了任务，却没有给配套的资源，任务是必须要完成的。这种强制性的事权分配会诱发诸多问题。须知，任何任务的完成都需要一定的资源保障，"下级"政府并非生财机器，各种资源从何处来？这些是令下级政府挠头的事情。因此，下级政府总会挖掘出一定的径路来解决问题，或是增加收费项目，或是与上级政府讨价还价。相对而言，直线式的行政执行系统经常会导致政府命令的自上而下的贯彻，但与之比照的行政成本往往由下级政府来负担，就表象而言，一切仿佛均在政府事权范围内，但深入剖析不难发现，上下级政府的权限与责任是大相径庭的，权归属于上级政府，事或任务则完全地寄希望于下级政府身上，权责失位，诸多情况直接导致了地方财政状况的紧张。

从我国政府体系来看，主要包含中央、省（区、市）、地级市（自治州）、县（县级市）和乡镇等五级，在这五级体系中，政府事权并未明确、具体、翔实的划分，导致了各个层级政府之间的回旋余地都很大。虽然，宪法对中央政府与地方政府的职责范围做了相应规定，但这些规定往往具有一定的宏观性，在具体的事权细化上还远远不够，这也直接导致了政府系统内的"行效"现象还非常普遍，事权也遵从了这样的套路和模式，可以说各级政府在事权的具体运行上大同小异，区别不大。伴随《中华人民共和国预算法》的出台，虽然框定了地方政府预算的自主决定权，但在具体的支出范畴上还是非常笼统了采用了"下管一级"的传统做法，即省决定地市的支出，地市决定县区的支出，县区决定乡镇的支出等。

（二）事权安排的主要特点及问题

中国正处在加速推进全面建设小康社会的攻坚阶段，政府在其中扮演着至关重要的角色，其中，建设服务型政府是当下的共识。诚然，服务型政府建设是艰巨而复杂的，单纯就公共服务的提供而言，政府还需做更多的工作。在提供具体的公共服务的过程中，必须要考量国家经济发展的具体状况、政府财政的实际能力、公共服务的项目种类和层级等内容。就我国当前府际安排的事权而言，主要呈现以下几个特点：

1. 政府事权的界定比较模糊，对于政府与市场的职能定位不够清晰

在计划经济时代政府是万能的、无所不包的，在由计划向市场经济转轨的过程中，政府的职能定位是宏观调控与基本公共服务的提供和平台的搭建，但受制于传统政府职能定位的影响，政府越位和缺位现象还比较严重，具体表现为：一方面政府做了许多应该由市场来做的事情，诸如在国有企业经营过程中，虽然强调建立现代企业制度，但并没有真正地做到"产权清晰，权责明确，政企分开，管理科学"的要求，也没有达到"自主经营、自负盈亏、自我约束、自我发展"的成绩，而在国有企业的背后，时刻会出现政府的身影。尤其是在企业经营状况不景气的情况下，往往承担成本的是政府的公共财政，这也严重挤压了公共财政的空间。另一方面对于基本公共服务而言，市场或社会上的任何一个主体都缺少足够的意愿和能力来提供。因此政府作为社会角色中的公共性、保障性角色应当承担的就是提供基本公共服务，诸如对基础教育、就业平台搭建、医疗卫生体制改革和基本的社会保障基金投入，使国民能够享受到基本的公共服务，而在这些方面，政府缺位的现象还比较普遍。

2. 从上级政府与下级政府的关系来看，事权分配混乱，交叉错位现象还比较普遍

比较而言，由于地市级以下政府与人民群众的接触最为密切，而省级以上政府往往就是制定政策和接受政策的部门，其主要作用就是承担宏观统筹和指导，在与人民直接接触的事务上大多让与了地市级以下政府。我国基础教育和公共卫生类项目的财政支出大多由县级和乡镇政府承担，主要的社会保障支出主要由地市级政府和县级政府来承担。就实际情况而言，省级以上能力强的政府并没有提供基本公共产品，而地市级以下政府，尤其是县乡政府又能力不足，无法提供更多的公共产品，一方面是上级强迫"要干活"，另一方面是下级缺少必要的资源"干不了活"。

3. 单一制行政体制客观地决定了事权的划分缺少协商、沟通和交流机制

我国是单一制的中央集权为主要特征的国家，国务院作为国家行政机关的中央机关，负责对全国地方各级人民政府的领导职责，地方各级人民政府都要对上级国家行政机关负责。可以说，我国各级政府实行的基本原则就是"下管一级"。在一些具体问题上，宪法上明确要求要发挥中央和地方政府的两个积极性，尤其是侧重于地方政府积极性的发挥，但在具体的实际工作

中，积极性的量化存在一定难度，在具体的职责安排上，地方与中央的话语权也呈现出不完全对称的特征，直接导致中央与地方的履职内容不甚相同，上级政府的责任往往赋予地方政府，在具体履职过程中，其工作效果却主要来源于地方政府。

4. 政府事权的法律规范过于笼统，量化程度和可操作性不强

就目前我国府际事权的划分实际来看，政府之间关心的最为核心的目标就是实现自身的利益。因此，在具体的事权划分过程中，能够给本级政府带来利益上增强的项目，是各级政府都要争取的项目。相反，即使应该是本级政府应该提供的项目，但由于其不能给本级政府带来利益，无论哪级政府都不愿意做这样"费力不讨好"的事情。这也使得在具体的事权划分中，模棱两可的界限使得各级政府无法清楚、明晰地界定各自的行为边界，这也使得权力过大的一方，即上级政府有更多的选择权，而下级政府则处于弱势地位。

5. 划分依据的多维性也使得政府事权划分界限不明

就目前划分政府事权的依据来看，主要包括公共物品的归属性、行政关系的隶属性和属地性原则等三个方面。就公共物品的归属性而言，全国性的公共物品往往划归为中央政府的管辖范围，地方性的公共物品则由地方各级政府来承担相应的责任。当然，一些地方仍然保留了计划经济时代的条块分割的特性，这具体要看是否在相应的条块分割带上，以此作为评价公共物品属性的重要依据。就公共物品行政关系的隶属性而言，中央政府更多地承担财政分配的职责，需要结合国家的财政收入情况筹划各种应当的支出，但从具体情况来看，中央政府部门在支出过程中，有些资源被自身挤占了，如此出现的资源空缺就转嫁给了地方政府，这样，地方政府就承担了一些不应该是其承担的事务，这也是导致现实地方政府财力过于紧张的重要诱因。与此对应，中央政府为了缓解地方政府的财政吃紧状况，又不得不以补助或补贴的形式间接参与承担地方政府的责任，但出现的角色已经发生了变化。就属地原则而言，全国性的基本公共服务的事权内容设置普遍偏低，事权划分与各级政府的财力结构不相匹配,中央政府所承担的事权权重过低,义务性严重不足;对于地方政府而言,地方政府承担的事权权重过高,义务性过重,直接导致实际支出额度过高,财力张力过大。

(三) 县级财政支出的分类

财政支出也称公共财政支出,是指在市场经济条件下,政府为提供公共产品和服务,满足社会共同需要而进行的财政资金的支付,是对财政收入进行分配和使用的过程。[①] 按照不同的划分标准,政府支出通常有下列几种分类方式:

1. 以政府职能为划分标准

这种划分方式比较粗略,实际上是按照支出的类别进行分类,主要包括:经济建设支出、行政管理费、社会文教费、国防费以及其他支出五大项。

2. 以经济性质为划分标准

这种分类是西方财政学按照财政支出是否与商品劳务直接交换为标准进行的财政支出分类。主要包括购买性支出和转移性支出。购买性支出对消费和生产具有直接影响,对各项经济活动具有一定的调节作用,它既包括购买进行日常政务活动所需商品与劳务的支出,如行政管理费、国防费、社会文教费、各项事业费等,也包括购买用于兴办投资事业所需商品与劳务的支出,如基本建设拨款等。转移性支出是财政资金的无条件转移,是为了实现特定的社会效益和政策目标而发生的支出,更多地体现了社会公平,其对消费和生产的影响是间接的,主要包括社会保障支出、财政补贴、专项补助等。这种分类为分析政府对市场干预的程度,分析政府预算在各种利益间进

---

① 王刚. 地方财政支出结构与经济发展的实证研究——基于山东省面板数据的分析 [J]. 山东经济战略研究, 2009 (10): 54 – 56.

行的权衡选择提供了方便。

3. 以支出部门为划分标准

按照此标准，财政支出可以分为工业部门、教育部门、科技部门、农业部门、商务部门、交通运输部门、文化部门、社会保障等部门支出。这种分类在分析政府的部门政策导向时经常会被采用，不仅如此，以支出部门进行支出分类对于部门预算的编制提供了条件和基础。

4. 以经济分类为划分标准

这种分类更能体现财政资金具体用在何处。主要包括：工资福利支出、商品和服务支出、对个人和家庭的补助、对企事业单位的补贴、转移性支出、赠与、债务利息支出、债务还本支出、基本建设支出、其他资本性支出、贷款转贷及产权参股以及其他支出。

5. 以支出功能为划分标准

这种划分标准与我国预算科目的设置呈现出一致性，不仅可以全面地反映财政资金的安排和使用情况，对于预算的编制和执行也起到了良好的监督作用，同时有利于分析财政资源在各个领域上所体现的效益情况。其主要包括：一般公共服务、国防、教育、公共安全、科学技术、医疗卫生、节能环保、文化体育与传媒、社会保障和就业、社会保险基金支出、城乡社区事务、农林水事务、交通运输、资源勘探电力信息等事务、储备事务支出、粮油物资管理事务、商业服务业等事务、金融监管等事务支出、国土资源气象等事务、住房保障支出、转移性支出、预备费、国债还本付息支出以及其他支出，各项支出的详细情况详见附录一。①

---

① 根据财政部《2011年政府收支分类科目》内容整理。特别说明：凡科目名称后标注"△"的，是2010年预算执行中根据财政部有关文件调整的科目（从2010年开始执行）；凡科目名称后标注"★"的，是制定《2011年科目本》过程中调整的新科目（从2011年开始执行）。一些科目是2010年预算执行中根据财政部有关文件调整的科目，但在制定《2011年科目本》时又对其作了修改，其中标注"★"未标注"△"。

四、事权与财权划分的国际趋势

在最近 20 年的行政管理研究实践中，分权越来越成为世界性共识。通常，分权涉及事权和财权两个方面。事权即政府的支出责任，就是哪些钱该由哪级政府出。财权则包含两部分（未考虑地方债券类收入）：其一是事前的自有收入；其二是转移支付收入，这个是事后收入。事权的分权意味着支出责任下移。财权分权则包含两种情形，一种是归属于下级政府的自有收入比重增加，另一种是上级政府对下级政府的转移支付增加（见图 2-1）。

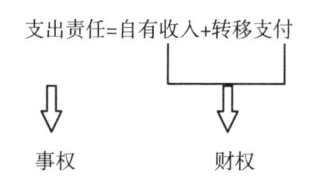

支出责任=自有收入+转移支付

事权　　财权

图 2-1　事权与财权之间的关系

政府分权就是要做到事权与财权的匹配，即各级政府间支出责任与自有收入划分和转移支付规模相匹配。政府事权与财权如何达到合理匹配，从图 2-1 可以看出有三种途径，即调整政府间事权，调整上下级政府的自有收入比例，以及转移支付。对于政府分权路线图，则存在支出责任下放，税收自主权下放等多种提法。显然，各级政府的事权最终要与其财力相匹配，否则将会出现公共服务不足或公共资源浪费等问题。因此，政府事权划分时，最需关注效率原则、公平原则和经济稳定原则（Masgrave，1959）。但各个国家政治、经济、文化条件各不相同，当效率、公平、稳定间存在两难时，各国可能会有不同的选择。尽管如此，政府事权划分还是有很多共性，即外交、国防等全国性事务和医疗、教育、社会保障等有关公平的事务由中央政府负责，地方政府则负责地方性事务。

总体来说，各国地方政府的支出责任逐渐增大，分权化趋势较为显著。在财权划分上，虽然理论上均强调地方政府要有与其自身事权相符的财政自主权，但实际上各国政府间财权分权的趋势与多数理论主张不相一致。不仅任何一个国家的地方政府都没有完全享有与事权对应的自主财权，而且多数国家地方政府自有收入所占国家总政府收入的比例基本恒定或略有下降。少数国家地方政府自有收入所占份额虽有所提高，但其支出责任提高程度也高于自有收入增长比例。这样，使得地方政府收支差距不断扩大，地方政府对中央的转移支付倍加依赖，中央对地方政府的控制力度不断加强，地方政府实际权力被压缩。

第三章　H县财政收入中的自主性描述

一、H县的财权及收入结构

（一）H县的财权构成

县级政府的基层性并不影响它作为一级政权的完备性，对辖区的治理离不开稳定的财政基础，财政收入具有一定的自主性是实现财政基础的前提条件，而财政收入自主程度的提高又离不开稳定的财政收入机制。由于我国高度集权的政体渗透到财政领域，加上前面对我国各级政府财权安排现状和特点的分析，我们不难发现，县级政府在财政收入上仅享有较少的自主权，自主性相对缺乏。

笔者通过调研访谈得知，在现阶段的财权安排体系下，H县财政局在税种、税目、税率、税收征管等各环节，几乎没有任何自主权，税收立法权与税收政策制定权都由中央确定，少数权限在省里；在中央和地方共享税的比例划分上，H县完全没有主动权，只是按照中央和省里的要求来划分税收收入。H县与省级和中央的税收分成情况反映了H县的财权状况（见表3-1）：

表 3-1　　　　　　　　H 县与上级政府税收分成情况

政府层级	县级收入	省级收入	中央收入
工商税收	增值税 25%（国）		增值税 75%（国）
	营业税 100%		
	个所税 40%（地）		个所税 60%（地）
	资源税 60%	资源税 40%	
	城建税 100%		
	房产税 60%	房产税 40%	
	印花税 60%	印花税 40%	
	土地使用税 60%	土地使用税 40%	
	土地增值税 60%	土地增值税 40%	
	车船税 100%		
			消费税 100%（国）
企业所得税	国税 40%		国税 60%
	地税 40%		地税 60%
财政及其他部门	占用税		
	契税		

资料来源：根据 H 县 2009 年财政收支报表整理。

（二）H 县的财政收入结构分析

H 县的政府性收入主要由税收收入、非税收入以及转移性收入构成。下面我们将对其逐一进行分析。

1. H 县的税收收入总量与结构分析

分税制改革将税种划分为中央税、地方税以及中央地方共享税，构成 H 县一般预算收入的税收收入，是扣除上缴到省级和中央政府税收收入以后的县本级税收收入，图 3-1 反映了 H 县 2003~2009 年的税收收入总量的变化：

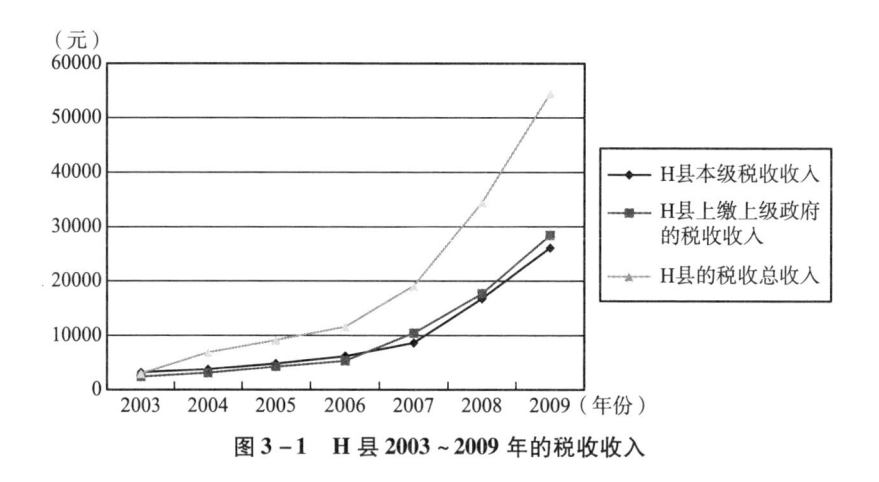

図 3-1　H 县 2003~2009 年的税收收入

由图 3-1 我们可以看到，H 县的本级税收收入、上缴上级政府的税收收入以及税收总收入均呈现递增的趋势，其中，2003~2006 年的税收收入虽有所增长，但增长较慢，增幅不大。2006~2009 年，税收收入增长迅速，并在 2009 年实现了最大值。值得注意的是，在 2006 年以前，H 县的本级税收收入要多于上缴上级政府的税收收入，但差距较小，在 2006 年以后，情况发生改变，上缴上级政府的税收数量超过了本级税收收入，这表明 H 县政府在地方财政总收入快速增加的同时，属于地方的可支配财力增长势头相对较慢。

H 县的税收收入主要包括增值税、营业税、企业所得税、个人所得税、资源税、城市维护建设税、房产税、印花税、城镇土地使用税、土地增值税、车船税、耕地占用税、契税等。图 3-2 是 H 县 2003~2009 年的税收收入结构情况，可以帮助我们更直观地了解 H 县税收收入的结构变化。

从图 3-2 中，我们可以得知，H 县税收的主要组成部分是营业税和增值税，二者也是 2003~2009 年间结构变化最大的两个税种。2003 年，营业税占据整个税收收入的 50% 以上，是税收的主力收入，增值税占 15% 左右，虽然是税收的第二大组成部分，但比起营业税仍然是比重相对较小。随着时间的推移，增值税的比重不断扩大，到了 2009 年，与营业税平分江山成为税收的主要税种之一，二者均占据税收收入的 30% 左右。除此之外，企业所得税、耕地占用税和契税也呈现出增长的势头，在税收构成中，逐渐占有一席之地。

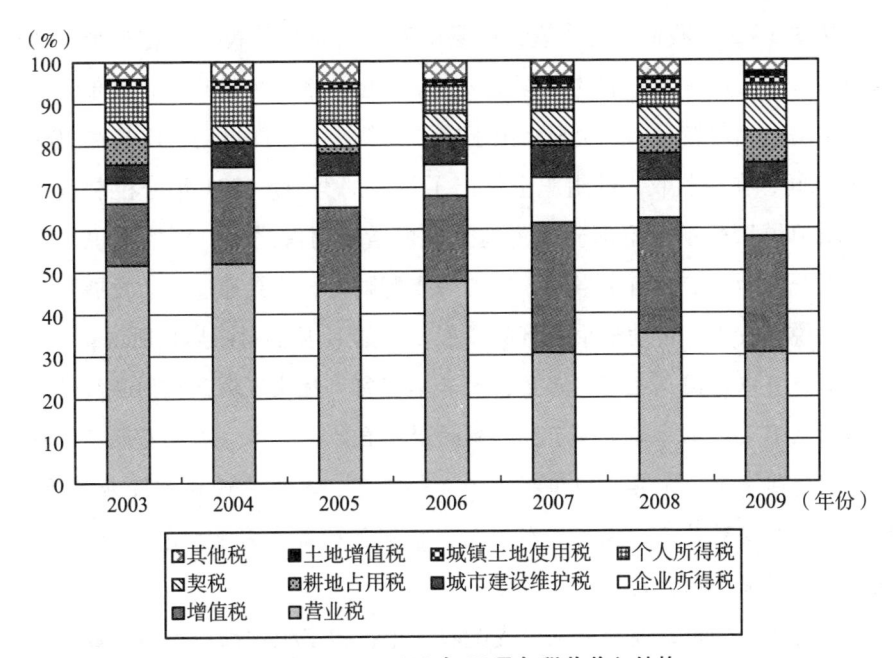

图 3-2 2003~2009 年 H 县年税收收入结构

前面分析了 H 县近几年税收结构的变化，图 3-3 则反映了 H 县各项税收的总量变化：

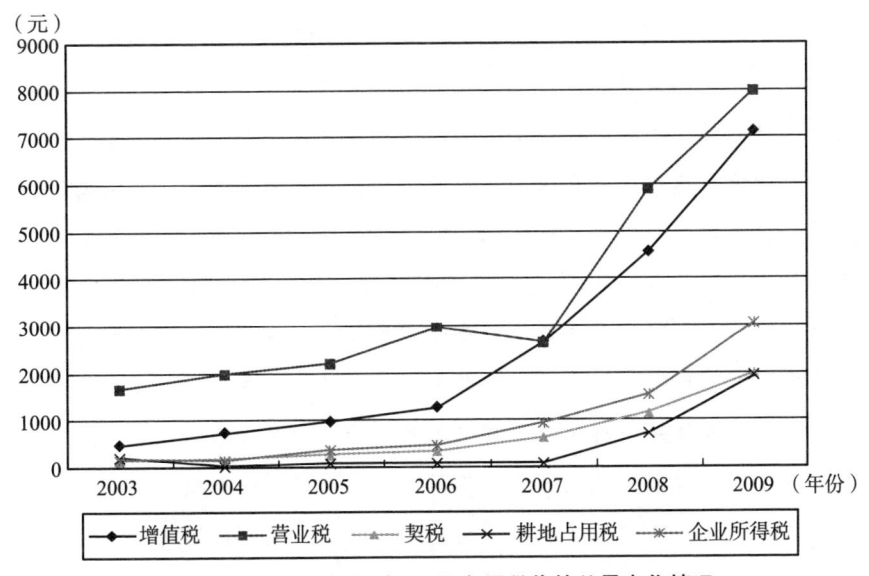

图 3-3 2003~2009 年 H 县主要税收的总量变化情况

从图 3-3 中我们不难发现，H 县的营业税与增值税不仅在整个税收收入中占有较大比重，它们的税收总量也呈现出不断增大的趋势，其他几个税种虽然增量相对较缓，却也显示出了向上的势头。由此可见，H 县在 2003~2009 年间，在税收收入的组织上做出了很大的努力。1994 年分税制改革以后，增值税 25% 的分享部分成为地方政府重要财源之一，而增值税主要来源于工业，为了扩大自主空间，增加可支配财力，H 县通过大力发展工业从而增加税收收入，带动整个经济的发展。正如 H 县的财政局长所说：

工业可以富国，也可以富县，无工不富啊。税收这块，我们县级的分成比例虽然不大，但总额增加了，分到的税收自然也会多。工业发展了，税源也就培植起来了，尤其是增值税。工业起来了，其他东西也都带着发展了，比如说我要安置员工，我要用水用电，吃穿住行都有需求，怎么能不富呢，这种连带效应是很大的。

值得提出的是，在地方的可支配收入里，很多税种都与土地有着密切的联系，如土地增值税、契税、城镇土地使用税、房产税等等。为了做大财政蛋糕，提升税收总量，各地方政府在"经营城市"理念的引导下，通过走工业化道路，大力发展房地产产业，在不断的旧城改造和城市扩张中推动地方各项经济的发展，"土地财政"便是对这一现象的生动说明。H 县在发展过程中也采取了相似的理念，正如 H 县的城市局局长所说：

我们这一届的县委县政府在宏观方面一直在做努力，我们的目标就是建设区域经济强县，主要主攻两个方面：一个是主攻工业，再一个就是主攻城市建设。就城市建设这块来讲，我们县委提出的思路叫做，"老城创卫，新城东移，拉开方向，提升品位"，我们用短短三年建了新城，先建了三平方公里的核心区，基本上所有功能都齐全，有广场，有公园，有行政办公中心，有剧院，有影院，有博物馆，有城市展览馆，有新城水厂，有污水处理厂，有中小学、医院、幼儿园，全部都建起来了。有青少年活动中心，过去老城没有的，包括一个再建的 5 星级酒店，两个四星级酒店，三个三星级酒店。有八十万平方米的住宅区，更不用说路网建设。一个项目、一个工程都会带来集结效应，可以带动几个方面的财政收入，最直接的就是契税和营业税这两个房地产税的增加，所以说，发展工业和城市建设，一个都不能少。

2. H县的非税收入总量与结构分析

H县的非税收入主要包括政府性基金收入、专项收入、行政事业性收费收入、罚没收入、国有资本经营收入、国有资源（资产）有偿使用收入。根据管理方式的不同，非税收入主要分成三大块，即纳入一般预算管理的非税收入、纳入基金预算管理的非税收入以及纳入财政专户管理的非税收入。H县政府性基金收入属于纳入基金预算管理的非税收入，在一般预算之外。纳入财政专户管理的非税收入主要有少部分的行政事业性收费收入和专项收入，其余全部属于纳入一般预算管理的非税收入。在H县的财政收入报表的明细中，非税收入并没有做出详细的分类，且将政府性基金收入排除在外，通过与其他相关数据的比对，笔者发现，H县的非税收入只显示了纳入一般预算管理的部分，预算外的纳入财政专户管理的这部分非税收入也没有包括在内。

从图3-4我们看到，H县纳入一般预算管理的非税收入呈现出较微弱的递增趋势，增长幅度不及税收收入，出现这一现象也很容易找到解释。因为，政府性基金收入和纳入财政专户的非税收入并没有计入图中非税收入的总量当中，而且地方政府出于自身利益考虑而筹措的制度外资金，① 更是游离在预算管理之外，所以，尽管近年来地方财政中的非税收入呈现递增趋势，但在H县的财政收支报表中却反映不出来。政府基金收入虽然已经纳入了基金预算管理，但纳入多少，如何管理，具体的数额是多少，这些问题却又找不到清晰的答案，在访谈中，一位H县财政局的工作人员说道：

"在我们县，政府基金收入的大头就是土地出让金收入，目前这部分资金算是纳入政府基金预算管理，但是不是全部纳入，我也不太清楚。首先，土地出让金是我们在预算外代收，代收完然后交到预算内来，它是不是全交了我不知道，去年我们这块土地资金的支出有三个亿。一般都用于征地补偿和城市建设方面。但是基金收入在我们这里一般是不做预算的。"

---

① 主要指地方政府的各种自筹资金、无依据的罚没收入和收费等，是没有纳入预算管理的自收自支的资金，目前我国的制度外资金的数量庞大，却很难得到具体的数字。

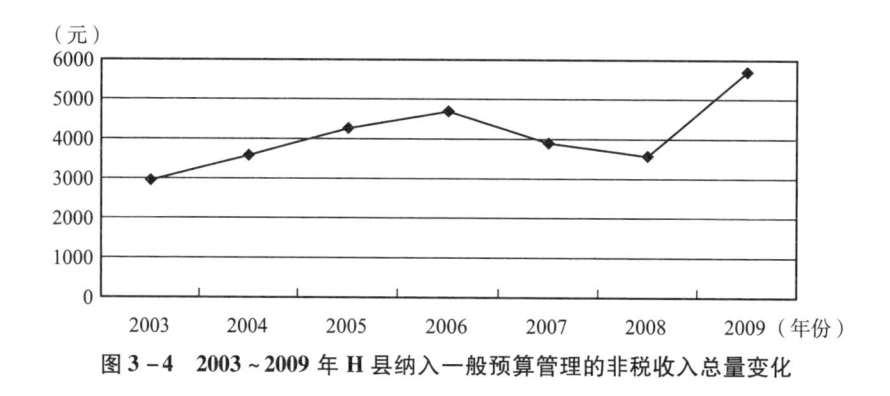

图 3-4 2003~2009 年 H 县纳入一般预算管理的非税收入总量变化

H 县在征地补偿和城市建设方面支出了近 3 亿元的资金，毫无疑问，这部分资金来源主要是土地出让金。从图 3-4 我们得知，H 县 2009 年纳入一般预算管理的非税收入不足 6000 万元，但作为基金收入其中一项的土地出让金收入竟然达到 3 亿元左右，如果再加上纳入财政专户管理的非税收入及制度外收入，H 县的非税收入总量可以占据财政收入的半壁江山。

前文说到，H 县纳入一般预算管理的非税收入主要包括专项收入、行政事业性收费收入、罚没收入、固有资本经营收入、国有资源（资产）有偿使用收入以及其他收入等。各收入所占的比重及变化如图 3-5 所示：

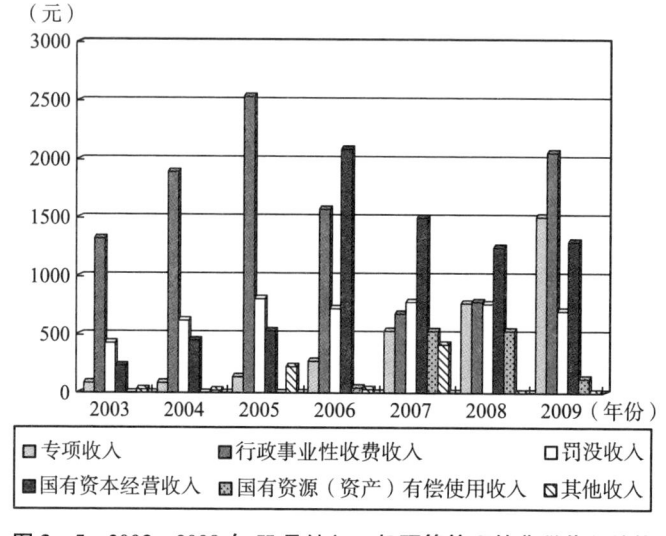

图 3-5 2003~2009 年 H 县纳入一般预算管理的非税收入结构

我们看到，H县的行政性事业收费收入在2005年以前呈现递增趋势，在2006年出现下滑，2007年达到最低，这可能与2007年的政府收支分类有关。此后虽有所增长，但却一直没有超过2005年的高峰期。此外，罚没收入的变化幅度不大，国有资本经营收入在2006年时达到最高点，虽然在接下来的两年中有所下降，但仍成为非税收入的主要组成部分。由此可见，H县在一般预算管理内的非税收入的结构日趋合理，虽然税收收入的增长迅速，但由于这部分收入纳入一般预算管理，缺乏一定自主性，所以没有表现出太多的扩张性。

财政专户是财政部门在银行及各类金融机构开设的用于核算和反映政府非税收入以及其他需要专户管理的财政专款账户。财政专户管理作为一种资金管理制度，不但能够清晰地反映资金的性质，方便进行资金的专项核算，而且能在收支分开的基础上起到防止资金挪用的作用，为专款专用提供了条件。但值得注意的是，由于财政专户资金大多游离于财政预算之外，中央在缺乏有效全面信息的情况下，往往无法对其实行有效的调节和控制，很多地方财政的专户资金账户项目繁多，且管理分散，一些具有相同性质的专户资金功能交叉，管理效率低下。此外，由于专项资金处于财政部门管理之下，虽然有部门预算进行约束，但透明度仍旧不高，对专户资金的监管也有待加强。H县非税收入中纳入财政专户进行管理的资金也同样面临这样的状况，在2003年以来的H县的财政收入明细中，纳入专户管理的非税收入并没有显示出来，唯有2009年的政府性收支决算总表中，将非税收入分为政府性收入、政府性基金及预算外财政专户资金三个部分。

H县的收支决算总表中，我们看不到政府性基金收入的具体来源和结构，预算外财政专户资金的具体来源仅注明是来自行政事业性收费收入，但H县纳入专户管理的非税收入远不止这一个。之所以没有体现出来，一方面说明现在政府收支报表的不完整性，一方面也是H县刻意逃避预算约束的表现。预算外资金由于其自用性以及管理分散等特点，一直以来都是县级政府自主性收入的重要组成部分，是完全属于县自由支配的收入，它不同于税收等"显性收入"，是带有"隐性收入"的性质。一直以来，国家财政部门一直没有停止过将预算外资金纳入预算管理的努力，因为地方政府有着扩大财政自主权的自身诉求，如果不加以限制，就容易陷入失范的境地，所以将非税收入全部纳入预算管理有利于规范政府收支，使财政收支活动更加透明化、规范化、法制化。但是，非税收入作为政府扩大可支配收入的重要途径，若加以约束限制势必会受到利益相关者的抵制和不认同。访谈中，问及对非税收入纳入预算管理的看法时，H县非税收入局的负责人就表达了这样一种观点：

"纳入预算管理对于财政部门来说只是管理方式的改变，它的实质是没有改变，这是我的理解，只是一种管理模式的改变，一个是缴到库里管理，就是纳入预算管理，无非就是如果通过预算内安排，我预算外就没有安排，它是一种存量管理，没有增量。我们都知道，税收加上我们纳入预算管理这一块收入，是我们地方财政总收入。放在财政账户里面管理这块没有计算到你的收入规模里。在账户管理这一块，为什么当时没有纳进预算，因为这一块绝大部分是作为单位的人员经费，包括有些事业单位的事业发展保障，你要把它作为收入来讲，他也是虚增的收入规模，不是很实。国家把这块纳入到预算管理，实际上对我们来说本质是一样的。因为我们的部门预算从2005年就开始实施了，虽然你是在我的专户管理，没有纳入预算，但我们每年都编制部门预算，就是你这个单位你要报你的收入计划，经过我们核实，比如一年你的单位100万元，报到我专户来，没有纳入预算管理，然后我们根据你这个单位性质进行政府调控，调控30%，我们返还70%，也就是返还70万元，这是你可用的资金，但我要结合预算内一起安排，也就是你有这个70万元的话，预算内我就少安排70万元。"

3. H县的转移性收入总量与结构分析

分税制改革以后，为了减少改革的阻力，照顾现有地方的既得利益，中央在保留原来分级包干转移支付做法的基础上，又增加了新的转移支付手段。2002年，我国推行了农村的税费改革，此举减轻了农民的经济负担，但同时对县乡基层政府的财政造成了困难局面。为了缓解基层政府的财政收支压力，中央财政以及各省市财政加大了对县乡政府的转移支付力度，基本上弥补了县乡财政的巨大缺口。根据财政部相关数据显示，截至2004年底，中央财政增加的转移支付总额达到524亿元，各个省市政府也在此基础上增加了150亿元的转移支付。此外，自2005年起，中央政府按照"以奖代补"的思路，对地方实施"三奖一补"的财政政策，再一次支出150亿元的财政资金予以支持，这些补助收入占整个转移收入的比重日益增加，虽然一定程度缓解了县乡基层政府的财政困难，但基层政府对上级政府尤其是中央政府的依赖性却日益加深（详见图3-6）。H县财政局长的下面这番话也充分印证了这一点：

"2005年起，转移支付力度的加大，特别是农村税费改革这一块，对县财政是一个翻天覆地的变化，特别是包括一些专项转移支付，如教师工资支付，基本上都是转移支付解决的。1998~2000年是乡镇的最困难时期，那时乡镇干部，你收点税，就发你点工资。比如工资是80元钱，就只发40~60元。这个转移支付是从2005年起开始的，核定2004年基数，上级财政全额拨付。教师工资刚开始由乡镇发放，后来以县为主，后来全额转移支付。现在县里运转、乡镇运转、村级运转、教育等，都要依靠转移支付。包括县里公务员工资改革和教育工资改革，还有事业单位工资改革、政法经费和工资改革，这些主要靠转移支付。"

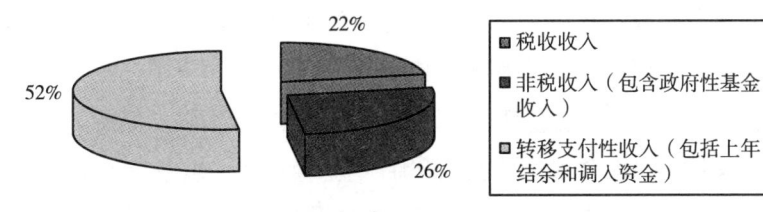

图3-6　2009年H县政府性收入结构及比重

（税收收入52%，非税收入（包含政府性基金收入）22%，转移支付性收入（包括上年结余和调入资金）26%）

H县的转移支付性收入主要包括返还性收入、一般性转移支付收入、专项转移支付收入、政府性基金补助收入①、调入资金、债券转贷收入以及上年结余收入等，其中，前三项属于上级补助性收入，是H县转移支付

---

① 政府性基金补助收入虽然属于转移支付性收入，但其纳入政府基金预算管理，因此笔者暂不将其作为上级政府补助的主要结构来分析。

性收入的主要构成部分。图 3-7 反映了 H 县近几年转移支付性收入的变化情况：

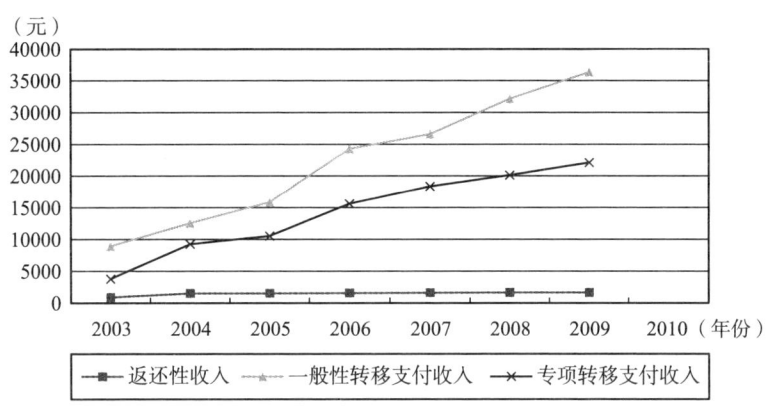

图 3-7　2003~2010 年 H 县上级补助性收入结构及变化

从图中可以看出，在 H 县的转移支付性收入中，占比重最大的是一般性转移支付，其次是专项支付，最后是返还性收入。除了返还性收入的规模基本稳定以外，另外两项收入的数量一直在逐年增长，结合图 3-5，我们可以了解到，转移支付性收入正在成为 H 县财政收入的主体，这在一定程度上，意味着县级财政自主性的衰弱。作为国家控制地方的重要的财政手段，转移支付不仅推进了县级财政国家化的进程，也留下了一些隐忧，县级政府究竟该在多大程度上依赖上级政府，才会既能最大限度保持其自身相对独立性，又能不患上"过度依赖综合症"，这值得我们思考。

转移支付的三种类型分别具有不同的特点和功用。一般性转移支付，具有显著的收入效应，对增加地方政府可用财力的效应最大，不仅能增加接受转移支付地区的社会总需求量，而且有助于缩小横向政府间的财政不平衡。但值得一提的是，由于一般性转移支付的收入效应和获得的相对容易性，一些地方政府可能会在扩展财源难度过大的情况下采取"坐享其成"的消极策略，从而放弃对财政收入积极筹措的努力。在现实中，一些国家级的贫困县乡政府不急于脱掉"帽子"，往往也是出于这种考虑。

一般性转移支付有一套特定的计算方法，在我国，其公式可以如下：

一般性转移支付＝(某地区标准财政支出－该地区标准财政收入)
×该地区转移支付系数①

专项转移支付是另一种较为重要的转移支付类型，同一般性转移支付一样，它同样具有收入效应，即地方政府可通过获得上级政府的专项转移支付，增加对公共服务的投入。目前，专项转移支付几乎涵盖了地方所有的支出项目，是涉及范围最广的转移支付类型。但由于专项转移支付往往是定向使用，且需要地方提供相应的配套资金，虽然一方面保证了中央和地方对特定民生领域的资金投入，但对于贫困地区而言，专项拨款越多，地方的财政压力就越大。在这一点上，H县财政局预算科的柳股长也感叹道：

"目前县里财政支出压力最大的在民生工程配套：原来有15项，到18项，再到28项，今年已经到33项，去年配套8000多万元，今年要配套将近1个亿。卫生院建设、养老院建设，还有农民低保，都必须地方配套，财政压力最大就在这里，而且必须从可用财力配套，这是刚性支出，还有教师工资，地方不配套上面是不发的。"

返还性收入主要来自税收返还，它是分税制改革初期，中央与地方政府利益博弈的结果。在当时，虽然是一种权宜之计，如今仍然具有一定的合理性。财政包干体制时期，转移支付缺乏明确的公式和制度安排，每年的划分比例和数量都是在中央和地方的讨价还价声中完成的，不但缺乏稳定性，且公平性也难以保证。税收返还则只需通过简单的公式计算便能得出结果，不仅透明，而且简单易实施。同时，税收返还也为地方政府在税收的组织上提供了正向激励，不仅有利于中央财政能力的加强，也推动了地方经济的发展，因此，与其说税收返还是中央对地方政府的妥协之举，不如说是其理性选择。比起另外两种转移支付类型，H县的返还性收入所占比重并不大，却是H县近些年较为稳定的一项收入，作为一种过渡性质的转移支付，它也会随着政府间财政关系的不断变化而变化，甚至最终退出历史舞台。

---

① 标准财政支出指各地的财政支出需求，主要按地方政府规模、平均支出水平和相关成本差异系数等因素测算；标准财政收入主要按税基和税率分税种确定；转移支付系数根据中央用于一般转移支付的资金总额以及对财政困难地区实行倾斜的原则进行确定。

综上所述，通过对 H 县财权构成的分析，我们了解到，H 县在财政收入上的法定自主权相对较小，缺乏相对独立的治理土壤。虽然宪法中明确规定，一级政府，一级财权，但 H 县在税种的确定、税率的制定、税收收入的分成上，都处于被动地位，受制于上级政府。通过对 H 县财政收入结构的分析，我们发现，H 县的财政规模虽然连年扩大，但由于税收收入的绝大部分上缴到上级政府，所以属于 H 县可支配财力的本级税收收入并没有实现同比增长，同时，H 县对于转移性支付收入的依赖，从另一个侧面反映出了财政收入上的不自主，虽然转移支付性收入使 H 县的政府性收入有所增加，但由于专项转移支付占有较大比重，且项目的争取每年都有所变化，这种不稳定性更体现出了 H 县财政收入自主性的弱化。但在非税收入的结构上，由于政府性基金收入和预算外基金的存在，H 县又表现出超脱制度内限制的强大自主性，其内在动力机制是地方利益的凸显，在笔者看来，正是由于制度内的法定自主性受到了约束，H 县扩大自主空间不断突破行为边界的自主性才得以全面激发并得到实施。

二、H 县扩大财政收入的策略选择

财政收入的自主性主要体现在两个方面：一个是县级政府在财政收入组织中的相对独立性，从前面对 H 县财权和收入结构的分析中，我们已经有了答案；另一个方面便是县级政府在追求财政收入最大化过程中所体现的能动性，即县级政府为了增加财政收入所做的努力，这主要通过一系列策略选择表现出来。前文已经分析过，在分税制以及后续的一系列财政政策影响下，县级政府的利益主体意识得到强化，地方政府不再与中央政府的利益表现出过多的一致性。这种利益分化不仅仅发生在地方政府与中央政府之间，而且在地方政府内部，各个部门乃至部门中的不同个人也都分化出不同的部门利益和个人利益。从财政包干体制向分税制体制改革后，地方政府必须通过各种渠道增加财源以应对支出需求的不断扩大，发展经济不仅能增加财政收入，解决财政困境，并为城市建设提供资金支持，同时对于各方利益的实现亦能有所促进。笔者在调研中发现，H县的主要领导人及部分官员也将推动经济增长、做大财政蛋糕作为当下的首要目标。那么，H县在财政收入组织的过程中采取了哪些策略来扩大收入？如何评价这些策略？这种自主性又有哪些积极和消极的影响呢？根据财政收入取得渠道的不同，笔者将从H县的"对上"和"向下"两个维度进行分析。

（一）向上索取：项目"跑报"策略

1. "跑"项目的无奈之举

在实践中，从上级政府争取到项目和资金，一直是县级政府所热衷的"生财之道"，H县也不例外。这些项目和资金不仅有利于弥补地方的财政缺口，同时对地方经济发展提供了一定的资金支持。因此，地方政府从未放弃过从中央政府那里获取财力的努力。上级政府的项目和资金主要是采取专项资金的形式下拨给下级政府，且大多需要地方配套。但在专项资金的分配上，由于缺少相对完善的制度化安排，上级政府手中的审批权限又过于集中，因此具有很大的随意性和机动性，上下级的财政关系也呈现出非规范性的特点。基于此因，很多地方政府为了获得专项资金的支持，往往把精力放在跟上级哭穷、与上级部门联系感情上，"跑项目""跑资金"成了地方财政部门的重要工作之一。很多地方还为此成立了"争取项目工作小组办公室"，把跑项目争项目作为考核政府工作和各个单位工作的标准和考核提拔干部的依据。这种非正式关系结构的正式化更加激发了地方政府"跑"项目的冲动。访谈中，H县的财政局长谈道：

"财政就是一个综合部门。各部门都盯着财政部门，所以怎么能把钱弄来，叫大家有钱花，都变成财政局长的事了，压力很大。省里的一些项目可以给你，也可以给他，在没有确定时，谁都可以去争取，会哭的孩子有奶吃啊，你老去，老是叫苦叫穷，混个脸熟，人心都是肉长的，他这个钱迟早都要下去的，多余的钱也留不住，反正是要用的，时间长了，也就给了，所以会跑的，要的钱肯定也就多，我们不得不跑，不然就落后了。不过这样跑，有好有不好啊，好的是，有助于上下多沟通啊，但是这里是有成本的，也容易腐败，这是肯定的，只要跑，就避免不了，这个跟原来的驻京办道理是一样的。"

"跑部钱进"在一定程度上确实推动了地方经济的发展，一些项目的投入和建设效应对于拉动国民经济、增大民生需求投入有着积极的促进作用，同时解决了地方的财政收入不足的困难。但不可否认的是，这种资金获取的方式存在巨大的弊端，其一是缺乏刚性的分配规则，容易造成分配失当的局面，即真正需要资金的地区和部门无法获得资金，而善于与上级公关联络的地方却能获得相对多的项目和资金，公共财政的公平性被削弱；其二是造成财政资金的浪费，在"跑钱"的过程中，不可避免地存在一些显性和隐性的成本。显性成本主要包括用来运转"跑钱"机构的预算内的财政安排，以及对争取到项目和资金的单位和个人的奖励资金等。隐性成本主要包括与上级政府沟通联络的交易费用。在调查中笔者获知，是否能够跑到项目不仅仅依靠同上级的个人感情关系以及软磨硬泡的毅力，同时也要花费一定的资金，这种花费成了官场中的潜规则，也难以估量其具体数额，但确实存在。无论是隐性还是显性成本，其来源都是"羊毛出在羊身上"，国家的财政资金就是在这样的上下流动中，不断地被抽条；其三是为腐败提供了"正当性"空间，"跑钱"大都是以"汇报工作"的方式实现的，是制度内的上下级官员进行公务沟通的正当形式，但在这种正当形式背后，却容易出现权钱交易，直接导致腐败。对于地方而言，"跑钱"是发展地方经济的正当需要，这种"合情合理"为"寻租"穿上了正当性的外衣，由于双方在此过程中都能满足各自的诉求，具有利益的一致性，因此出现了上下级的"共谋"，对于一些腐败，地方政府往往会进行有效的保护，以免给上面留下不良的印象，断了今后的财政支持，"跑钱"现象更是在这种"共谋"中愈演愈烈。

实际上，中国式的"跑部钱进"具有"游说"财政的性质。各地方政府从自身处境出发，表达合理的利益诉求，从实质上说是无可厚非的，唯有对权力进行约束，使"游说"在法律框架内进行，减少上级政府的自由裁量权，完善转移支付制度，最终建立公开透明的公共财政制度，才能既满足

2. "报"项目的窍门

前文说到,地方政府为了壮大财政规模,发展本地经济,使出浑身解数从上级政府争取项目和资金,"跑"项目为其提供了获得财政资源的途径,在具体报项目时,地方政府同样有自己的打算。

首先,地方政府在进行项目申报时,往往出现超范围申报、重复申报以及虚报项目等行为,这样就增加了更多项目被选上的可能性,从而获得更多的财政资金。值得一提的是,很多项目都需要地方提供配套资金,如此一来,项目越多,配套的压力必然越大。但一些地方政府在拿到国家项目资金以后,往往对配套资金的问题采取回避态度,"因为就算配套资金不到位,项目也不会中途下马。在这一过程中,地方政府通过地方配套资金'套'住了国家的项目与资金,并带来了地方经济的繁荣与地方官员'政绩'的凸显"。[①] H 县属于 J 市管辖,J 市的财政监督检查局对 J 市部分水利专项资金进行跟踪监督检查后发现,全市 35 座省重点小（Ⅰ）型病险水库至检查之日止,没有一座水库的配套资金是真正完全到位的（包括 H 县）,没有到位的资金合计为 3005.03 万元,缺口较大,但还没有落实;14 座一般小（Ⅰ）型病险水库,县、乡村的配套资金至检查之日止为 0,且县乡没有配套的意向,很可能这块配套资金永远到不了位,因为县（40%）、乡村（50%）配套的比例太高,不符合实际,目前各县区也只是利用市里下拨的现有资金进行除险加固而已。[②] 对于上述情况,不排除有些地方是真的无可用财力作为配套资金,但为了获得更多的项目支持,地方政府仍旧倾向于多报超报项目,这也说明了在专项资金安排的制度设计上存在不合理之处。配套资金的不到位不仅影响了项目建设的进度和质量,同时也造成了专项资金管理上的混乱。

其次,地方政府在申报项目时,为防多报少批,往往在资金数目上做文

---

① 徐轶,谢欣. 地方财政项目配套资金问题初探 [J]. 地方财政研究,2009（5）:46-47.
② 参见 J 市财政监督检查局的《关于对 J 市部分水利专项资金跟踪监督检查情况的汇报》。

章，最大限度提高申报的金额。2009年，J省发布了《关于清理化解农村义务教育"普九"债务试点实施方案的通知》，其中规定，厘清初中与高中共用校舍、设备形成的负债，按债务形成时初中学生数占学校学生总数的比例进行划分。H县在上报债务数额时，由于当地一所中学里面高中和初中并未做具体分区，因此大胆决定将高中部的债务一并纳入其中，使得基数做大。省级主管部门进行审核时，也提出了异议，但是经过H县的沟通协调，最终获得通过。由于这笔资金是来源于中央财政的专项资金，因此，省级政府对于上报金额的真实与否，并无太多苛责，只要资金运作规范，相关材料程序完整无缺，他们也是抱着"得过且过"的心态，再加上地方政府操作得当，善于公关，最后的顺利通过也就不难解释了。

此外，在专项资金的管理过程中，地方政府部门还存在弄虚作假的情况，如"项目单位则是采取先转入后抽走的方法，或者虚列支出作为自筹资金、虚报财务报表的办法，以及将不属于该项目的支出当作是对该项目垫付的资金而视为自筹资金上报等手段，还有就是在财政、主管部门的资金未到位的情况下，项目单位采取挂应收款的办法"。① 因此，在实际工作中，专项资金被挤占挪用的现象也屡见不鲜。在J市对部分水利专项资金进行检查就发现，H县将洋港机电排灌站总站更新改造工程项目资金60万元，以及省重点小（Ⅰ）型病险水库莲花水库除险加固工程资金40万元，合计100万元挪用到湖口县双钟圩工程建设项目，归还双钟圩欠武警五支队的工程款。②

（二）向下汲取：财源培植的组合策略

为了缓解地方财政的压力，同时在府际竞争中获得优势，县级政府在向上争取项目和资金的同时，一直没有放弃在财源培植上下功夫。H县财政局长的一席话也印证了这一点：

---

① 徐轶，谢欣. 地方财政项目配套资金问题初探［J］. 地方财政研究，2009（5）：46-47.
② 参见J市财政监督检查局的《关于对J市部分水利专项资金跟踪监督检查情况的汇报》。

第三章　H县财政收入中的自主性描述

"作为财政部门，永远要考虑的就是培植财源，这是财政局长在财政部门永久需要考虑的问题，不能更改的，任何时候你都要考虑如何使你的财政蛋糕做大，后续财源如何跟上，如何发挥你财政的职能，使你财政的蛋糕持续的、快速的、不间断的增长，任何地方都要按照这个主线的。"

在对地方财源的培植上，H县采取了很多策略以求得可支配财力的增加，这些策略也从侧面反映出H县在收入组织中的自主性的发挥。

1. 招商引资策略

招商引资是中国实行改革开放后各经济区域发展过程中的产物，在实践中，一直是地方政府用来化解政治压力和发展地方经济的重要手段和必然选择，前几年全国各地兴起的开发区热潮就充分印证了这点。H县同样将招商引资作为政府工作的重要内容之一，关于招商引资对H县发展的重要性以及财政收入的促进作用，H县的某县长是这样说的：

"原来我们县是没有什么企业的，整个工业园就一家企业，是一个国有的濒临倒闭的玻璃厂，后来我们成立了招商局，专门搞招商这项工作，这几年的发展很快，现在我们这块的财政收入主要就是靠招商引资。在J市，我们是资源小县，地域小县，人口小县，原来还是经济穷县，但是现在，在J市乃至整个省，我们的发展很快，我们今年的财政收入预计10个亿，我们计划2015年达到60个亿，这些都是需要招商引资来带动实现的，也是很了不起的。前几天我们刚签了个50亿的项目，这对当地的财政收入贡献是很大的。"

对于企业而言，其目标就是追求利润的最大化，因此，税后利润的多寡是企业在选址投资过程中比较看重和在意的因素，基于此，地方政府往往通过较优惠的税收政策来吸引企业进行投资建厂。具体方式包括提高起征点、降低税率、税收返还、一定期限内免税以及再投资退税等。这种旨在减轻企业税收负担的种种措施，统称为"税收优惠"。在H县，这种利用税收优惠进行招商引资的策略也被广泛应用，在H县招商引资奖励规定中，就对税收奖励做了明确说明：

"外资企业上交所得税形成的地方留成部分，自外资企业投产之日起，前两年缴纳的企业所得税地方留成部分，县财政全额奖励企业用于发展生产，第三年到第五年缴纳的企业所得税地方留成部分，50%奖励企业用于企业扩大再生产。"

除了这种明文规定的招商引资税收奖励措施以外，H县在对企业出让土地时，也会通过一些变通的方式给予企业优惠，H县工业园的负责人员说道：

"比如企业买这块地，国家要求最低出让价是5万元一亩，我们跟企业谈的时候往往都没那么多，可能是3万元一亩，但是企业交的话必须是5万元一亩，这个是不能改的，剩下的2万元怎么办呢？我们再通过奖励基金奖励给企业，不可以从土地出让金里直接拿，必须从支持中小企业发展的基金中拿。对于企业来说，他就是把钱从这个口袋里拿出来，再放到那个口袋里。表面上看是县里出的，其实是企业多交的那部分，这个虽不规范，但也是没办法的事情，其他县也大都是这么做的。"

除了税收优惠招商，所处地区的区位优势也是地方政府吸引企业过来投资的重要因素。H县地处长江沿线，很多项目的落成也受到了这一因素的影响：

"我们比邻长江大水运，交通便利，比如说钢厂，从我们这里运输到其他地区，每吨相差的运输成本就有200元钱，如果是一千万吨，就是一亿元。"

此外，良好的投资环境也是企业所关注的，因此，提供高质量的行政服务、做好基础设施的建设、营造和谐的软环境，也是H县一直在做的工作：

"我们从县委政府到各个单位，不存在对企业吃拿卡要的现象，原来九几年的时候，我们各个单位，到普通老百姓，对外地人还多少有些排斥的思想，但是现在H县的老百姓，比如出租车司机，遇到外地来投资的老板，都很客气，有时候还便宜一点，争取多用一下我的车。县里面各个单位就更不一样了，因为县委政府非常重视，一来大项目，书记县长就马上把各个部门召集起来，开见面会，就给大家通个气，这个项目是书记县长都知道的，大家要一路绿灯。像引入钢厂那一年，县里面科级以上的领导，就是关起门来，解放思想，走出去，学习参观，所以县里面这种总体的机制和环境就是这样的，企业也愿意来。"

在问及为什么 H 县的招商工作进展的如此顺利时，商务局局长直言不讳地说道：

"首先是招商思路的正确。第一个招商思路就是抓大项目，因为有了大项目，很多小项目就主动过来给它配套，现在无论是投资做项目，还是做生意，只要有商机，就会有商家过来。像钢厂过来之后，炼钢项目等跟钢厂相关的项目都自动跟过来了，所以那些企业我们基本上不用招的，他们都要自己找市里领导，要求进来，这样大项目的带动作用就很明显了。第二个思路就是化工产业、循环经济、产业招商。有原料，有土地，有好的区位优势，化工企业就会愿意过来。

再有就是县委县政府很重视这个事，书记县长当场敲定某个部门的具体责任和事宜，谁敢不配合，比如，某某这个项目，国家政策是限制引进的，所以引进要报国务院审批的，所以部门之间如果不配合，那么是绝对搞不成的。还有，这跟×书记的重视和个人魅力也分不开。去年，有个××集团，本来已经和别的县谈好了，×书记得知了，连夜召集我们相关部门讨论这个公司到我县落户的优势，然后制订方案送到集团老总的宾馆，那个人看了特别感动，最后决定落户 H 县。别人认为 H 县的发展就是因为区位优势，我认为别的领导来了，也能发展，但肯定不会像×书记这样使 H 县发展的如此之快。"

从上面的访谈中，我们可以看出，在县级政府一体化治理的模式下，地方领导人对地方经济的发展具有很大的影响作用。H 县的招商引资工作虽然取得了不俗的成绩，但也遇到了发展的瓶颈。在谈及目前招商引资中遇到哪些苦难和阻力时，商务局副局长就无奈地表示：

"当前最大的困难就是土地不够用。说实话，这几年的招商用土地需要量比较大，目前工业园土地基本用完了，没有土地了，今天上午我还向市领导提到年产 30 亿元的宏达硅胶，它是化工产业，也是化工制造业，它生产的纤维是纺织用的基础性原料，如果能引进来，会吸引很多这个产业的下游项目过来，但是它的用地量很大，我们手里的土地有限，只能让县委县政府去想办法弄土地指标了。再有就是资金困难。现在的银行防范风险的意识比较强，比如说，一个企业投产之后，每家银行都去找他，希望他去贷款，不是希望他去存款，因为这个属于优质的贷款，能借能还的，没有什么太大的风险。但是企业在创建初期，贷款融资就比较难一些。"

通过上文对H县招商引资情况的介绍，我们发现，地方政府在招商引资的竞争中，大多是本着先规划、再配套、再招商引资、再服务这一思路进行的。主要因素包括项目、土地、资金和环境，这四个捆绑在一起，缺一不可。不管是税收优惠竞争，还是基于区位等基本生产要素的比较优势竞争、抑或是基于行政管理服务水平以及市场秩序环境的软实力竞争，在我国新的绩效考核体系尚未建立起来、公共服务目标还不甚明晰的情况下，都容易在竞争中出现失范行为。

税收招商虽然通过"你赚钱，我发展"的模式达到了吸引投资的目的，但这也牺牲了一部分财政收入，有时候甚至成为企业逃避纳税的合法通道。同时由于税收优惠并非面对所有企业，因此必然不利于公共竞争市场的形成，税收负担的不均也有悖于市场经济的核心精神。由于各种各样税收优惠措施的存在，税务部门以及财政部门在征税的过程中，不仅征管难度增加，征税成本也在税收返还中被忽略掩饰。税收招商应有的作用丧失，投资行为发生扭曲，且埋下了不规范执法的隐患：

"财力的增长主要是国税增长比较多，因为大企业75%上缴中央，相对来说给地方的财政并没有增加多少财力。另外，财政收入的增长还存在一定的隐税、卖税情况，征税的成本比较高。比如说这个乡里有税可交，另外一个地方就会说你到我这里交税，我给你返点，比如8%的税，我返还你5%。这个是政绩考核体系的问题，政绩考核逼着下面去作假，把规模做大。可以用的钱没有涨多少，因为它有成本，企业相当于变相地偷税漏税。把规模做大，出数字，因为考核的就是规模，很多区和县乡都互相挖税，现在这种风气愈演愈烈，是相当可怕的。"

前文提到，H县在招商引资中遇到资金不足问题，为了解决这一困难，H县也充分发挥自主性，成立了融资中心，为企业投资初期提供了资金支持，但由于前期都是由财政出面进行担保，也属于政府职能越位的体现。

"我们财政现在有个融资中心，地方政府的融资中心很多都是在为地方的优良企业提供融资服务的，比如我们的钢厂在建设的过程中出现了一些问题，如全球经济危机啊，钢销不出去啊，需要融资啊，地方财政在这方面发挥了作用，当然，作为财政来讲，是不应该有这个功能的，但我们也是没办法，我们尽量减少，当经济形势转好，我们财政就退出来了，这个也是没办法的事情。"

同时，由于土地资源的有限性，在招商引资达到一定规模后，产业升级应该是地方政府首要考虑的议题。

环境问题也是招商引资过程中比较突出的问题，工业项目，尤其是化工项目，难免对环境造成污染破坏，这些隐性的招商成本虽然不会在短期内有所凸显，但"先污染，后治理"的模式势必会造成更大的经济和生态损失。地方政府在选择项目时，虽然也考虑到环境因素，但还是会将项目的经济效益作为首要考虑因素。

"在工业园创办之初，尤其是初期阶段，引进的多是化工企业，多多少少对环境有些负面影响，但是在社会呼吁和经济发展加速之后，县里面意识到这个问题，我们现在第一点就是环保，凡是国家禁止的，我们都不考虑，因为你立不了项，我们心里没底，领导心里也没底。但我们也是尽量把政策用足，比如说硫化玻璃项目，它一进来，我们就知道是限制类项目，但不是禁止类项目，那就有操作的空间，主要就是在不触碰中央红线的基础上，扩展行为空间。"

"强迫机制致使招商引资行政化、模仿机制导致招商引资合理化、效率机制刺激招商引资政绩化"，① 这是地方政府招商引资行为背后的内在逻辑。政府职能的错位、缺位、越位并存，曼瑟·奥尔森指出，"在各种各样成功增长的范例中，你可以从中发现很多错误的方法，或者不完全正确的方法，但是这类增长仍在继续着"。② 当下由地方政府所主导的招商引资活动便是为促进经济增长，而采用的"不完全正确"的方法之一。这是地方政府发

---

① 王洛忠，刘金发. 招商引资过程中地方政府行为失范及其治理[J]. 中国行政管理，2007（2）：72-75.
② [美]曼瑟·奥尔森著. 权力与繁荣[M]. 苏长和，嵇飞译. 上海：上海人民出版社，2005.

挥自主性的本能选择，是各种体制综合作用的结果，发展经济成为县级政府最主要的目标，这一目标概括了提供公共服务的基本职能，而且诱发或强化了挤占公共服务资源的倾向。如何让地方政府真正回到以公共服务为导向，以效益而不是政绩为目标，这些值得我们思考。

2. "土地财政"策略

前文中提到，H县的非税收入主要包括政府性基金收入、专项收入、行政事业性收费收入、罚没收入、国有资本经营收入以及国有资源（资产）有偿使用收入。其中，政府性基金收入纳入政府性基金预算进行管理，由于不纳入一般预算，所以属于政府自收自支的资金。政府性基金主要包括墙体材料专项基金、土地有偿使用、散装水泥专项基金、国有土地收益基金以及其他部门基金。H县2006～2010年政府性基金收入的规模与结构如图3-8所示：

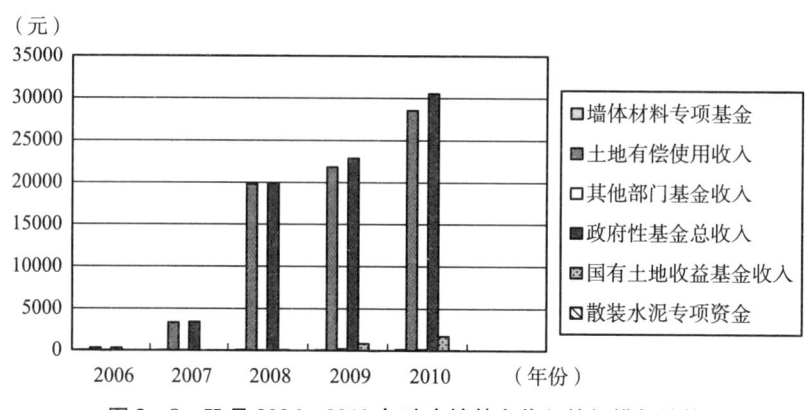

图3-8 H县2006～2010年政府性基金收入的规模与结构

从图3-8中，我们不难发现，H县的政府性基金收入中，土地有偿使用收入所占比重最大，达到90%以上，到2008年，土地有偿使用收入更是实现跨越性增长，达到近2个亿的收入规模，并在接下来的两年中，呈现不断增长的势头。截至2010年，H县的政府性基金收入已突破3亿元大关，其中，土地有偿使用收入就有28547万元，占到整个基金收入的93.5%。

1994年进行分税制改革时，国家为地方财政留了个"小口"，即把土地出让金作为地方财政的固定收入全部划给地方所有，这使得地方政府成为高地价的直接受益者，也为后来地方积极发展房地产产业埋下了伏笔。实践和研究表明，土地出让金已成为地方财政结构中的重要构成部分，特别是地方预算外非税收入的主要来源。尽管在2006年，国家将新增建设用地土地有偿使用费的30%划归中央，但地方政府对土地出让金过度依赖的状况并未从根本上得到改变。由于地方政府在很大程度上靠土地出让金等非税收入生财，政府官员往往担心房地产市场的衰退，近些年的高房价也恰是这一问题的说明。对于地方政府而言，土地出让金不仅方便使用，收益也是立竿见影的。H县的开发区主任在谈到土地运作时就感慨道：

"土地就是钱，只要指标拿到手，再加上运作得好，收益是很可观的，我们现在一亩地，整个运作下来，挣到100万元是很容易的，有时候还能再多些。你算一下，2000亩下来，就有20个亿了，所以说，土地指标到手就是钱。"

"土地财政"就是地方政府为追求财政收入的扩大，将土地资源进行营销出让，从而使得地方财政过度依赖土地所带来的相关税费和融资收入的非正常现象。一方面，地方政府通过划拨和协议出让土地的方式，进行招商引资，大力推进房地产业、制造业以及建筑业的超常规发展，这些产业的发展不仅对相关产业的发展实现了带动效应，也促进了地方政府包括营业税、企业所得税、房地产税等在内的地税收入的增加。另一方面，地方政府在通过招、拍、挂等方式收取土地出让金的基础上，以土地的使用权和土地收益权获得土地融资，从而带动整个地方的经济发展。张照、王德在《我国城市基础设施建设资金运作模式研究》一文中，对土地收益的分配使用流程进行了描述（见图3-9）。

在谈到"土地财政"所带来的高房价现象时，H县财政局的一位工作人员说道：

"现在说房价高，站在我这个角度，应该说是有道理的，因为地方政府没有财力可用啊，你又要考虑应对上级的考核，比如什么固定资产增长值，财政收入增长比例，GDP增长比率，必须要搞城建，这些东西才能上的去，所以搞房地产是一举多得的事,而且,房价高了以后,各方面的政绩就突出了。"

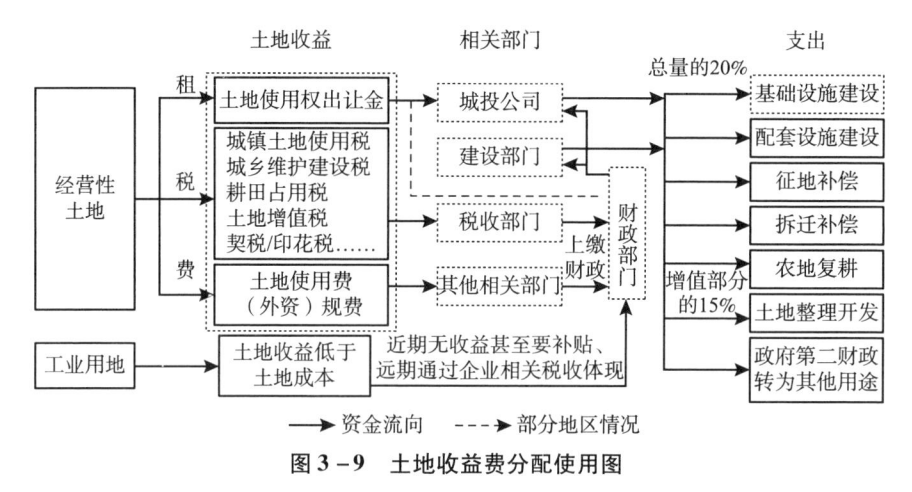

图 3-9 土地收益费分配使用图

资料来源:张照,王德. 我国城市基础设施建设资金运作模式研究 [J]. 城市规划,2009 (3):9-16.

为了使土地资源的效益得到最大程度的发挥,H 县在运作土地的过程中也采取了一些策略:

"我们现在是变卖地筹资为收地融资,过去比如修这条路政府不拿钱,只给两边的土地,通过这种方式,表面上政府一分钱没拿,但缺点是你没办法估计成本和收益。比如说,这个项目他投了一千万或者两千万下去,你给多少亩,你不清楚,国家的土地多少钱你也说不清楚。第二也容易形成腐败,暗箱操作的问题。现在,我们是政府牵头,先做环境后卖地,我们政府投资以后,这地价马上就上来了,所以说,我们经营城市做的是比较好的。"

在谈到通过运作土地给 H 县带来的影响时,H 县城建局某局长说道:

"实际上,用于经营城市建设的那部分资金大多源自基金收入,也就是卖土地的钱,那块是我们自由支配的钱。从我们的地方建设你就可以看出来,许多大楼不都竖在那里了吗,咱们山村的公路,包括工业园的路,都是拿这笔钱修的,一些基础设施路网、广场、公园、自来水厂、污水处理厂、还有业务用的技术大楼，什么环保技术大楼、法院审判大楼、活动指挥中心，全是政府投入的，这些都不是财政直接投入的。这种政府主导投入同时带动了一些社会投资，包括商业投资、房地产开发这些投资，大概有二三十个亿。"

通过上述访谈资料，我们看得出，对土地资源的运作，的的确确给H县带来了很大变化，在增加财政收入的同时，也为城市建设提供了资金支持，对县域整个经济的发展起到了带动作用。不可否认，在城市建设的初期阶段，这种由政府主导的"土地财政"的经营模式，确实实现了财政收入规模增加和拉动房地产与土地市场共同发展的双赢局面，很多地方政府正是依靠着土地出让金实现了城市建设的最初的原始积累。但"土地财政"的背后，也反映出很多问题。第一，这种运作模式的可持续性不足，具有阶段性的特点。在国外，一些国家也有针对土地资源进行运作从而增加财政收入的做法，比如对土地征收物业税和房产税，但值得指出的是，这些都是针对存量土地而获得的收益，具有可持续性和稳定性，我国则是针对增量土地来进行操作，可持续性自然很差，因为土地终究不是无限资源，这种"土地财政"固然对地方经济的发展有巨大促进作用，但也是在"有地可卖"的前提下方能实现。在现阶段，这种卖地冲动很有可能将数十年后的公共财政收入提前透支，待城市化进程告一段落，土地开发数量日益缩小，这种带有权宜之计色彩的"土地财政"必将对未来的公共财政状况造成不利影响。第二，"土地财政"不利于产业结构的良性发展。目前，我国很多地方政府的财政规模与税收规模的增长已经呈现出超常规状态，产业结构也在政府主导干预下，出现畸形发展的趋势。资本是具有逐利性的，"土地财政"客观上刺激了房地产行业的快速发展，由于地方政府对GDP和财政收入的狂热追捧，很多地方的产业结构已出现过度"工业化"和"城市化"的迹象。第三，"土地财政"由于监管不足，为腐败提供了机会。国家虽然已出台政策要求地方将基金收入纳入预算管理，但由于地方政府的自利动机而往往没有落到实处。作为游离于预算外管理的地方政府的"第二财政"，由于监管的缺失，其运作过程往往成了"神秘的黑箱"。在一些地方，"土地财政"为政府大搞政绩工程、形象工程提供了方便，一些地方政府的豪华办公楼就是这一问题的生动写照。同时，由于我国土地交易市场的规范性不足，相关法律法规尚有制度漏洞，政府有形之手的干预过大很容易导致个别地方官员进行权力寻租，在政府主导的不完善的市场经济体制下，土地腐败也就在所难免，房地产行业尤甚。第四，"土地财政"为地方政府的融资平台提供了隐性担保，这种隐性负债加大了地方的财政风险和社会风险。在实践中，地方政府为了筹集建设方面的资金，往往建立从属于各级政府的融资平台，银行之所以敢于将资金贷给这些地方融资平台，所凭借的便是地方政府"卖地收入"所给予的隐性担保。这虽然在一定程度上解决了地方政府发展经济的资金困难，但在土地财政资金提供担保的强大支持下，地方政府往往举债无度，最终形成了大量的隐性负债。

根据2011年中央财政决算报告，2011年地方政府性基金本级收入为38232.31亿元，其中国有土地使用权出让收入达33172.90亿元，[①] 占当年中央财政收入的65%，占当年地方财政收入的63%。2010年，中央和地方预算草案首次将国有土地使用权出让收入，即土地出让金收入纳入预算，同时安排发行2000亿元的地方债。这两项举措显示出中央政府对普遍存在的"土地财政"风险的关注，也对"土地财政"的继续蔓延有一定的遏制作用。

3. 非税收入增收策略

政府的非税收入是政府参与国民收入分配的一种重要形式，不仅是政府财政收入的重要组成部分，也是政府实施宏观调控的重要工具手段之一，具有弥补市场缺陷、调节经济运行、提供公共产品的不可替代的作用。但与税收相比，非税收入具有不稳定性、分散性以及层次低等特点，因此税收是政府收入的基本来源和主体，而非税收入只能作为政府收入来源的补充形式。[②] 不过，在实践中，由于地方政府预算内财政资源的不足，为了扩大自身的财政自主性，对非税收入扩张的冲动一直没有停止过，同时，由于一些

---

① 数据来源：财政部2011年地方政府性基金收入决算表。
② 苑广睿.政府非税收入的理论分析与政策取向[J].财政研究，2007（4）：8-12.

非税收入长期游离于预算管理之外，也在客观上为地方政府的超收冲动提供了可能。在实践中，非税收入通常采用收支挂钩的管理模式：一是差额返还。收费单位将收费资金实行专户储存之后，财政部门扣除一定的比例，分批返还给收费主体，收得越多、返还的越多。二是全额返还。财政部门根据收费单位编制用款计划将专户储存的收费资金分批拨付给收费主体。① 由于现实中有很大一部分收费没有纳入预算管理，因此很容易被随意支配和使用，这种自收自支使得收费项目的多少和收费数额的大小同各部门的利益挂上了钩，其收费的积极性自然会越来越高。②

为了抑制地方政府对非税收入的超收冲动，中央对非税收入进行了收支两条线的制度改革，以求在源头上预防和杜绝腐败，使得公民和企业的合法权益得到保障和维护。

然而，收支两条线配合全额返还的体制，造成了"收多少、返多少、支配多少"的客观事实，不仅不能有效克服多收费、乱收费，且在上缴过程中又产生许多漏洞，使违规行为有机可乘。地方财政部门和非税收入征收单位结成一个利益共同体，财政用这部分收入做大了"蛋糕"，征收单位得到了财政返还的好处，但破坏了中央非税收入工作的严肃性，客观上为乱收费和腐败的产生提供了可能。③

H 县的非税收入主要包括政府性基金收入④、专项收入、行政事业性收费收入、罚没收入、国有资本经营收入以及国有资源（资产）有偿使用收入，非税收入的增收策略也是围绕着这几种收入来进行的。

在各部门上缴的罚没收入以及行政事业性收费收入的管理上，H 县采取了"收支挂钩，以收定支"的方法，实行 30% 统筹留用，70% 返还给征收部门的差额返还的方式。但从 H 县非税收入近些年总量和结构变化情况来

---

① 李德章，梁尚敏，范亚骏. 中国非税收入改革及规范化管理研究 [J]. 经济研究参考，1999（18）：2 - 19.

② 吉洁. 我国县乡非税收入现状分析 [J]. 商业研究，2009（8）：166 - 167.

③ 唐桂娥，刘军，罗平，徐东明. 非税收入征缴返还体制存在的问题及建议 [J]. 财会通讯（综合版），2006（7）：60.

④ 政府性基金收入是单独纳入政府性基金预算管理，前文"土地财政"策略已经有所涉及，因此笔者在非税收入增收策略中不再对其进行分析。

看，行政事业性收费以及罚没收入有递减的趋势，① 也就是说，罚没与收费收入并没有成为 H 县非税收入增收的主攻方向，对此 H 县非税管理局某局长这样说道：

"这样的，行政事业单位乱收费总体来说我觉得比以前好，中央的三令五申、出台一些文件，包括最近几年各个行政事业单位都不断地加强他们的纪律，以及政府对这些行政事业单位监管力度的加强，以前的乱讲价、乱收费等情况应该说是得到了有效的遏制，我们自己跟自己，本地跟本地，也就是我们纵向相比，我觉得强了，意识也增强了，地方政府的保障力度也比较大，包括财政安排的经费，不管是人员部分还是公共部分，都比以前增强，从这些方方面面来说，国家这几年发展的趋势来看，我们在逐年减少行政收费项目，就整个趋势来讲，还会逐年减少这些行政事业型收费，因为费和税的本质的区别在于，税有税法，是面向全社会的，比较公平。费是在特定的群体中征收，随意性比较强，从整个趋势上来讲，我们会逐步减少，甚至最后取消行政事业收费，通过这种方式来减轻整个社会、整个全民的负担。"

当问及非税收入开发的重点和策略时，H 县非税局某局长是这样说的：

"从现在的发展趋势来看，我们行政性收费在压缩、在减少，这个也不是我们增收的重点，接下来，我们考虑的是充分挖掘国有资源这块，这是增收的重点，像资源这块它本身也是有限的，它是有个存量的，那么我们要挖掘它，怎样才能最大限度地把它的价值开发出来，从而实现非税收入和财政收入的最大化，这才是工作重点。"

H 县通过对国有资源的挖掘和开发，取得了较为显著的成效，某局长举了实践中的两个事例加以说明：

"这两年一个是户外广告这块，以前采取的是行政审批的方式，然后执法机关来做，广告公司你要做什么户外广告，大概发布多少面积、多少钱，然后我收你 10%、15%，作为发布户外广告的费用。因为户外广告占用了空间型的资源，它是一个空间型的收入，是国有资源的收入，我们感觉到这

---

① 这部分只是纳入一般预算管理中的罚没和行政性事业收费收入，预算外专户管理的罚没及收费收入没有包含在内，一些部门很可能没有足额上缴，形成了单位自由支配的"小金库"。

块的价值还没被开发出来。我们摸了下底，大概每一年通过行政审批的户外广告这块收入在110万元左右，就是××局一年就是收这么多。全国有些地方是做得比较好的，特别是外省，它主要是户外广告通过市场化运作，比如我有这几个路段，我把这几个路段所有的户外广告权全部拍卖给广告公司，由他们再去承接广告发布，他们是这么运作的，比如在山东的一个县，它的规模、人口跟我们H县差不多，他们一年的户外广告这块收入，通过拍卖差不多将近1000多万元，而我们才80万元，这相差太远了，所以前年，我们跟县市委县政府写了个调研报告，包括怎么来整治我们的户外广告市场，怎么把这个权利给收回来，然后通过拍卖的方式来进行操作，现在我们已经开始运作一年多了，效果很好，这块的收入有很大提升。

另外就是我们的采砂，这个××地采砂的话是需要行政许可的，是省政府委托省水利厅来管这个事情，就管这个行政许可，县里面直接对水利厅，取得这个行政许可以后就把这个采砂权一卖了之，我把这个采砂权卖给私人去，然后由私人在××地采砂，其他县也大都是这样，你想想沿湖5个区，各自拍卖，都是私人在采砂，所以××地这水质，看不见的刀光剑影，什么乱七八糟的人都在上面，搞得××地上面一塌糊涂，我们拍卖的收入也少得可怜，此外还有盗砂、偷产、超产的情况，最少是我们拍卖收入的4~5倍，因为砂是这样的，它不能不采，也不能超采，所以每一年有个量，比如说今年我们全省采砂量是5000万吨，然后分到5个县可以采多少，但是这个一旦卖给私人以后，他就超采、多采，明明只能采2000万吨，他为了追求他的利益最大化，可能会采1个亿，甚至超过1个亿，造成资源损失浪费，我们收入又不高。在这种情况下，从去年开始，我们把县的采砂权全部收上来，我们采取不拍卖。其他市场，我们都是提倡拍卖，但是鉴于采砂这项工作，涉及国有资源，涉及我们这种垄断，我们就不拍卖，我们自己经营。成立了一个采砂管理办公室，专门来管理采砂，通过招标，我们自己经营，把挖沙船招过来，你挖一吨沙我给你多少钱，然后一边找来买沙的人，一边在那挖沙一边船在这里，我政府就坐在中间，挖一吨我给你多少钱，我现在卖给你，你给我多少钱，我就直接来经营。这样的话，第一是我可以按照省里面给我下达的数量来运行，我代表政府我不可能去偷产，那个没有必要的，因为我要保护这个鄱阳湖，保护国有资源。第二，我的收益是我以前拍卖时候的 2~3 倍。现在周边的县也都这样开始这样做了，其他的公共资源，比如一些地方性的矿产资源，其实也可以这样来做。

我举的这两个例子说明我们的工作重点要侧重在资源和国有资源管理，有些资源是我们已经开发可以预知的，那些还没有开发、未知的是我们的工作重点，同时也是我们的工作难点。那么在已经开发的、已知的这些资源里面，我们有已经管理起来的，同时也有没有管理起来的，或者是已经管理但是还没有到位的，这些都是我们下一步工作的重点。所以我觉得，如何充分挖掘国有资源，加强国有资源管理，这是我们政府创造财源的主要方向，其他说实话，没有。"

非税收入是政府收入体系的重要组成部分，由于我国处在体制转轨的特殊时期，一些地方政府不完善的体制机制激励下，促使了非税收入的超常规增长和无序膨胀，这种特殊现象不仅扰乱了财经秩序，也为腐败提供了可乘之机。[①] H 县在非税收入的筹措过程中，通过对国有资源的挖掘和管理，实现了财政收入的增长，为非税收入未来的发展提供了一种新的思路和借鉴，这种自主性虽然带有创新色彩，为地方政府财源的培植注入了活力，但值得指出的是，这种自主性还需要一定的制度机制来对其进行约束。"收支两条线"改革的实施很大程度上规范了非税收入的管理，但由于涉及的利益部门众多，需要调整的利益和关系错综复杂，遇到的阻力可想而知。唯有将非税收入纳入预算管理，建立国库统一账户体系和财政集中收付制度，取消非税收入"按比例返还、留用"的做法，建立完善的监管体系，才能进一步深化"收支两条线"管理改革，真正实现实质上的收支分流。

---

① 贾康，刘军民. 非税收入规范化管理研究 [J]. 华中师范大学学报（人文社会科学版），2005（4）：24-31.

第四章　H县财政支出中的自主性描述

一直以来，在地方财政问题的研究上，财政收入与财政支出问题更加受到学者们的重视。很多研究重点都放在了如何提高政府，特别是中央政府的财政收入上。相比之下，对于财政支出管理的讨论略显不足。在实践中，财政支出不仅反映并决定着政府的职能和效率，还同时具有一定的引致作用，如果忽视对地方政府财政支出过程的研究，任何旨在提高财政收入的政策都是没有意义的。本章通过分析H县的事权及支出结构，提炼H县在财政支出中采取的策略选择，从而对H县财政支出的自主性进行描述。

一、H县的事权及其支出结构

（一）H县的事权构成

1995年底开始实施的《中华人民共和国预算法实施条例》中的第七条对省级以下的财政体制安排是这样规定的："县级以上各级地方政府根据分税制的原则和上级政府的有关规定，确定本级政府对下级政府的财政管理体制。省、地市和县级政府都有权在辖区内，进行财政收支安排"。[①] 通过前

---

① 侯一麟. 政府职能、事权事责与财权财力：1978年以来我国财政体制改革中财权事权划分的理论分析［J］. 公共行政评论，2009（2）：36-72.

面对我国政府间事权安排现状的分析,我们不难看出,由于受到上级政府强大的政治经济控制的影响,我国各级政府的事权呈现出不断下沉的趋势。理论上来说,地方政府是区域性事务的管理结构,其主要职能就是促进地方社会和经济事务的快速稳定发展,这些区域性事务多,具有较强的外部性。前文提到,我们宪法中明确对中央和地方的职责即事权进行了划分,对于 H 县而言,其主要事权事责也是在中央对地方事权划分的框架内进行的,虽然各个省级以下的事权划分并无统一标准,但基本上也都是中央对省级政府事权划分模式的翻版。根据事权的来源不同,有学者将事权划分为显性(法定)事权和隐性(委托性)事权两大类。其将显性(法定)事权定义为"根据法律法规的规定中央与地方各级政府应该承担的事务",[①] 将隐性(委托性)事权定义为"一个政府部门委托另一政府部门的事务,实践中更多的是上级政府部门委托给下级政府部门的事务"。[②] 前面提到,政府职能范围的合理界定是事权划分合理化的根本保证,这样才能保证政府在行使职能的过程中,既不越位,也不缺位。但由于我们的政治体制具有较强的集权色彩,从《中华人民共和国宪法》规定以及我国政府实践来看,我国各级政府在纵向间职能、职责和机构设置上高度统一或一致,呈现"职责同构"现象。[③] 在这种制度安排下,由于对政府间事权划分缺乏明确的标准,下级政府更容易接到来自上级下派的委托性事权,这种事权通常是通过行政权力下发的,政府间的法定分权也因此在实践中发生变形,一些本应该由中央承担的职能可能由于财力问题而转嫁给地方,比如再分配和稳定政策职能的下移就充分说明了这一点,这不仅无形中加重了地方财政的支出压力,同时也是地方财政支出效率不高的原因所在。在实践中,H 县的事权也同样呈现出显性(法定)事权和隐性(委托性)事权并存的特点,这种事权结构也在一定程度上影响了 H 县的财政支出策略。

---

①②③ 何逢阳. 中国式财政分权体制下地方政府财力事权关系类型研究 [J]. 学术界,2010 (5):17 – 26.

（二）H县的财政支出结构分析

1. H县财政支出的总量分析

H县的政府性支出主要包括一般预算支出、政府性基金支出以及预算外财政专户资金支出。由于政府性基金在2009年以后才纳入H县的预算管理，而预算外财政专户资金支出一直是游离于预算管理之外，因此此处的财政支出主要是纳入一般预算管理的一般预算支出。图4-1是H县2003~2010年一般预算支出的总量变化情况。

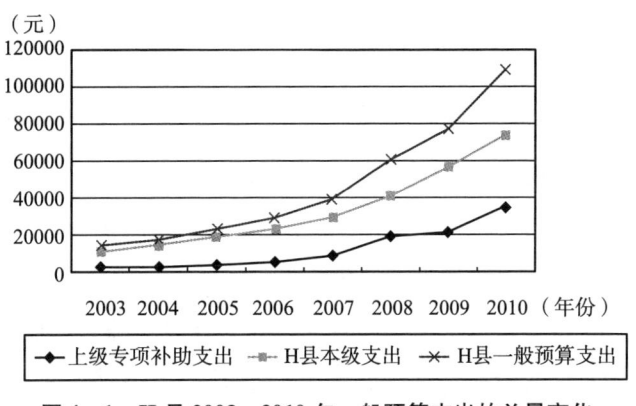

图4-1 H县2003~2010年一般预算支出的总量变化

从图4-1中，我们看到，H县从2003年至今，其一般财政支出规模逐年扩大，呈现明显的增长趋势，2008年的增长率最高，较之2007年的一般财政支出增加了21439.4万元，增长率为54.8%，这主要是由于当年用于环境保护的上级专项补助大幅度增加，使得用于环境保护的财政支出较之2007年增长了752.5%。此外，在H县一般预算支出的构成中，H县的本级支出较之专项补助支出占据了更大的比重，亦呈现不断上升的势头。这也反映出，H县的一般预算支出大多是由本级财政负担，这与一些专项资金需要本级政府提供配套资金不无关系。

政府性基金支出虽然也是政府性支出的重要组成部分，形式上要求纳入政府性基金预算管理，但在实际操作中却不太规范，前面也提到，H县的政府性基金很少编制预算，虽然在2009年，国家要求地方政府公开政府性基金预算，但政府性基金支出的具体去向也并不明朗，只是做了相对笼统的说明。2009年，H县开始将政府性基金收支情况在政府性收支决算总表中有所体现。H县在2009年和2010年的政府性基金支出总量分别为24319万元和34761万元。因此，按照广义的政府性支出概念来说，H县在2009和2010年的政府性支出总规模分别为101951万元和143793万元。[①]

2. H县财政支出的结构分析

在2007年以前，H县的一般预算财政支出主要包括：基建支出、企业挖改支出、科技三项费、农业支出、林业支出、水利和气象支出、工交事业费、流通事业费、文体广播事业费、教育支出、科学支出、医疗卫生支出、其他部门事业费、抚恤救济事业费、社会保障补助、行政管理费、公检法支出、城市维护费、政策性补贴支出、支援不发达地区、专项支出以及其他支出等。2007年，由于中央财政部门出台了新的政府收支分类细则，H县的一般预算财政支出项目也发生了变化，主要包括：一般公共服务、国防、公共安全、教育、科学技术、文化体育与传媒、社会保障与就业、医疗卫生、环境保护、城乡社区服务、农林水事务、交通运输、工业商业金融等事务以及其他支出等。为了更清晰地了解H县的财政支出结构变化，笔者将以2007年为分界点分两个阶段来进行分析。

从表4-1中可以看出，在H县2003~2006年的一般预算支出中，所占比重最大的是教育支出，且呈现逐年增长的趋势。在教育支出的资金构成中，专项资金份额很小，大部分由H县本级财政负担。除了教育支出以外，行政管理费、公检法支出、农业支出、水利和气象支出、工交事业费、医疗卫生支出、抚恤救济事业费、社会保障补助以及其他支出也是H县财政支出的主要构成部分，其中以行政管理费尤为突出，仅次于教育支出成为H县

---

① 其中不含预算外财政专户资金支出、上解上级支出以及年终结余等。

第四章 H县财政支出中的自主性描述

表4—1 H县2003~2006年一般预算财政支出结构

单位：万元

支出项目	2003年		2004年		2005年		2006年	
基建支出	1156.3	本级238.5 专项917.8	921.4	本级194.0 专项727.4	1603.0	本级900.0 专项703.0	1214.4	本级614.2 专项600.2
企业挖改支出	211.8	本级211.8 专项0.0	619.7	本级576.7 专项43.0	900.8	本级888.8 专项12.0	465.9	本级465.9 专项0.0
科技三项费	27.0	本级22.0 专项5.0	52.20	本级30.2 专项22.0	40.2	本级35.2 专项5.0	69.2	本级42.2 专项27.0
农业支出	538.5	本级441.0 专项97.5	1435.2	本级1154.6 专项280.6	1043.9	本级662.9 专项381.0	1307.7	本级717.3 专项590.4
林业支出	74.6	本级43.6 专项31.0	85.7	本级62.2 专项23.5	117.5	本级111.0 专项6.5	301.0	本级246.9
水利和气象支出	253.0	本级206.0 专项:47.0	246.8	本级215.8 专项31.0	976.0	本级930.0 专项46.0	1471.0	本级1343.5 专项127.5
工交事业费	208.7	本级206.9 专项1.8	244.2	本级232.2 专项12.0	535.6	本级533.8 专项1.8	1032.6	本级1032.6 专项0.0
流通事业费	97.2	本级96.7 专项0.5	140.8	本级140.8 专项0.0	252.3	本级252.3 专项:0.0	192.0	本级189.4 专项2.6
文体广播事业费	527.1	本级524.6 专项2.5	592.6	本级574.0 专项18.6	728.7	本级715.8 专项12.9	801.5	本级754.1 专项47.4

续表

支出项目	2003年			2004年			2005年			2006年		
教育支出	3560.8	本级 3503.3	专项 57.5	3958.8	本级 3877.3	专项 81.5	4598.2	本级 4315.5	专项 282.7	5588.2	本级 5482.9	专项 105.3
科学支出	14.1	本级 14.1	专项 0.0	12.5	本级 12.5	专项 0.0	15.3	本级 15.3	专项：0.0	30.0	本级 18.0	专项 12.0
医疗卫生支出	824.0	本级 799.7	专项 24.3	976.7	本级 909.4	专项 67.3	1240.1	本级 1123.4	专项 116.7	1373.5	本级 1155.5	专项 218.0
其他部门事业费	732.5	本级 678.0	专项 54.5	909.8	本级 877.1	专项 32.7	906.4	本级 881.5	专项 24.9	846.4	本级 821.7	专项 24.7
抚恤救济事业费	635.9	本级 175.5	专项 460.4	829.0	本级：369.1	专项 459.9	1047.1	本级 413.8	专项 633.3	1400.3	本级 564.6	专项 835.7
社会保障补助	901.8	本级 52.8	专项 849.0	860.5	本级 95.5	专项 765.0	1387.4	本级 353.2	专项 1034.2	1748.9	本级：297.9	专项 1451.0
行政管理费	2180.9	本级 2176.7	专项 4.2	2868.2	本级 2864.2	专项 4.0	3008.7	本级 3008.7	专项 0.0	3360.2	本级 3358.0	专项 2.2
公检法支出	1059.3	本级 963.3	专项 96.0	1181.1	本级 1100.9	专项 82.2	1635.3	本级 1438.5	专项 196.8	1847.3	本级 1751.1	专项 96.2
城市维护费	450.8	本级 429.8	专项：21.0	568.4	本级：502.4	专项 66.0	826.7	本级 745.7	专项 81.0	677.7	本级 602.2	专项 75.5

续表

支出项目	2003年		2004年		2005年		2006年	
政策性补贴支出	83.0	本级：83.0	83.0	本级83.0	83.0	本级83.0	163.5	本级83.0
		专项0.0		专项0.0		专项0.0		专项80.5
支援不发达地区	142.0	本级8.0	188.4	本级8.0	149.0	本级8.0	297.4	本级118.5
		专项134.0		专项180.4		专项141.0		专项178.9
专项支出	119.5	本级105.5	124.2	本级103.6	194.7	本级122.6	369.2	本级249.6
		专项14.0		专项20.6		专项72.1		专项119.6
其他支出	780.9	本级：737.3	1217.9	本级1190.7	2254.6	本级2027.5	3755.7	本级3709.2
		专项：43.6		专项27.2		专项227.1		专项46.5
海域开发场地使用	0.0	本级：0.0	1.0	本级0.0	0.0	本级0.0	1.0	本级0.0
		专项：0.0		专项1.0		专项0.0		专项1.0
车辆税费支出	0.0	本级0.0	0.0	本级0.0	0.0	本级0.0	690.0	本级0.0
		专项0.0		专项0.0		专项0.0		专项690.0
合计	14579.7	本级11719.1	18118.8	本级15174.7	23544.5	本级19566.5	29904.6	本级23618.3
		专项2860.6		专项2944.1		专项3978.0		专项5386.3

第二大财政支出项目,增长速度也尤为惊人。值得一提的是,H县在公共服务方面的支出也在不断地上升,其突出表现就是用于教育、医疗事业、就业与社会保障、文化等方面的支出在不断增加,一方面是中央在公共产品领域的专项投入不断加大的结果,另一方面则是说明了公众对公共服务的迫切需要,带有明显的社会转型期痕迹。

政府收支分类改革前的支出项目分类科目,数量相对庞杂,对财政支出的整合度欠佳,2007年实现分类改革后,财政支出科目的设置更加简洁科学,更能体现政府财政收支的功能和用途。从2007年开始,H县的一般预算财政支出项目主要包括:一般公共服务、国防、公共安全、教育、科学技术、文化体育与传媒、社会保障和就业、医疗卫生、环境保护、城乡社区事务、农林水事务、交通运输、工业商业金融等事务以及其他支出等。

从表4-2中我们看到,H县2007年以来的一般预算财政支出中的各项支出,都呈现递增的趋势。其中,一般公共服务、教育、文化体育与传媒、社会保障和就业、医疗卫生、环境保护、城乡社区事务以及农林水事务支出的增长幅度更加明显。这说明,在财政蛋糕做大的同时,财政支出的规模和范围也在不断增加和扩大。图4-2是H县2009年的一般预算财政支出项目明细,其清晰地反映出H县财政支出的结构特点。

表4-2　　　　H县2007～2010年一般预算财政支出结构　　　　单位:万元

支出项目	2007年		2008年		2009年		2010年
一般公共服务	5654.9	本级 5523	8733.2	本级 8513.2	12422	本级 12282	19786
		专项 131.9		专项 220		专项 140	
国防	128.6	本级 128.6	304.6	本级 304.6	258	本级 258	220
		专项 0		专项 0		专项 0	
公共安全	2373.3	本级 2185.9	3323.9	本级 2665.4	4080	本级 3116	5043
		专项 187.4		专项 658.5		专项 964	
教育	8557.5	本级 8330	10752.8	本级 9949.7	13709	本级 13077	15161
		专项 227.5		专项 803.1		专项 632	

续表

支出项目	2007 年	2008 年		2009 年		2010 年
科学技术	136	本级 124	176.3	本级 157.3	190	本级 172	261
		专项 12		专项 19		专项 18	
文化体育与传媒	470.1	本级 437.1	715	本级 568.6	1016	本级 686	1147
		专项 33		专项 146.4		专项 330	
社会保障和就业	4224	本级 1273.2	8425.9	本级 1999.5	7417	本级 1655	14152
		专项 2950.8		6426.4		专项 5762	
医疗卫生	3494.8	本级 2635.5	5626	本级 3173.2	6804	本级 3952	10280
		专项 859.3		专项 2452.8		专项 2852	
环境保护	312.8	本级 146	2666.7	本级 221.9	1755	本级 325	3815
		专项 166.8		专项 2444.8		专项 1430	
城乡社区事务	1756.1	本级 1665.7	2279.6	本级 2038.6	6579	本级 5581	6843
		专项 90.4		专项 241		专项 998	
农林水事务	4459.2	本级 2252.1	8507	本级 3802.7	10130	本级 4164	13292
		专项 2207.1		专项 4704.3		专项 5966	
交通运输	2166.9	本级 271.9	1077.1	本级 269.1	1404	本级 470	732
		专项 1895		专项 808		专项 934	
工业商业金融等事务	2564	本级 2421.4	4921.4	本级 4507.8		本级	2552
		专项 142.6		专项 413.6		专项	
采掘电力信息等事务					6235	本级 5850	12481
						专项 385	
粮油物资储备金融监管等事务					1966	本级 1483	
						专项 483	
其他支出	2855.7	本级 2833.9	3083.8	本级 2972.4	3668	本级 3417	3267
		专项 21.8		专项 111.4		专项 251	
合计		39154 本级 30228.4 专项 8925.6		60593.3 本级 41143.9 专项 19449.3		77632 本级 56490 专项 21142	109032 本级 73962 专项 35070

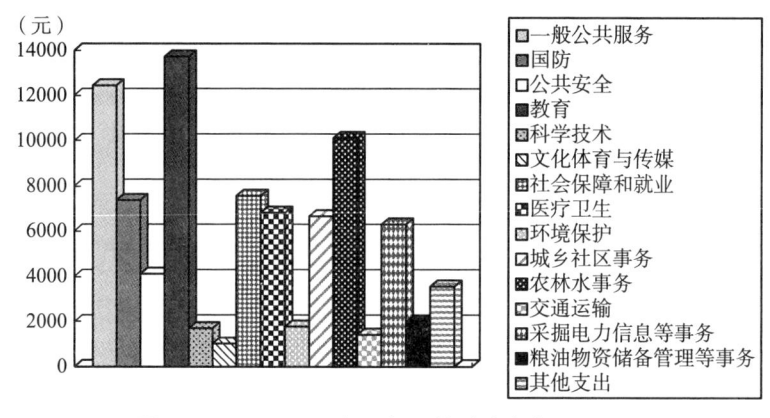

图 4-2　H 县 2009 年一般预算财政支出项目明细

从表 4-2 中可以看出，在 H 县的一般预算支出中，占据前三甲的支出项目分别是教育、一般公共服务以及农林水事务，尤其是教育支出，达到了 1.3 亿元，占 H 县 2009 年全部一般预算支出总量的 17.66%。此外，社会保障和就业、医疗卫生、城乡社区事务以及采掘电力信息等事务的支出也都超过了 6000 万元，成为 H 县一般预算支出的主要组成部分。下面笔者将对教育和一般公共服务这两项最为主要的支出结构进行分析。

关于义务教育这一事权的归属问题，理论上一直有所争论。在实践中，我国一直以来都将基础教育相关的支出责任下放给基层政府，县、乡镇以及村级政府承担起了办学的责任。在教育支出中，教师工资就占据了很大权重，前几年拖欠教师工资的现象普遍存在，近年来，中央开始对地方政府进行"普九"债务的清理工作，但面临基础教育支出的庞大需求规模，县级政府依然显得力不从心，H 县也同样如此。图 4-3 是 H 县教育支出的各项明细，我们看到，普通教育支出是最为重要的一项（11721 万元）占据整个教育支出的 85.5%，其余包括教育管理事务、职业教育、教师进修及干部继续教育以及其他教育支出在内的支出总量（847 万元），仅占整个教育支出的 14.5%。在 H 县，普通教育支出主要包括学前教育、小学教育、初中教育、高中教育、化解农村以及其他普通教育支出，其中，小学教育、初中教育以及化解农村"普九"债务试点支出是普通教育支出的主要构成，分别为 5078 万元、3015 万元以及 2489 万元。

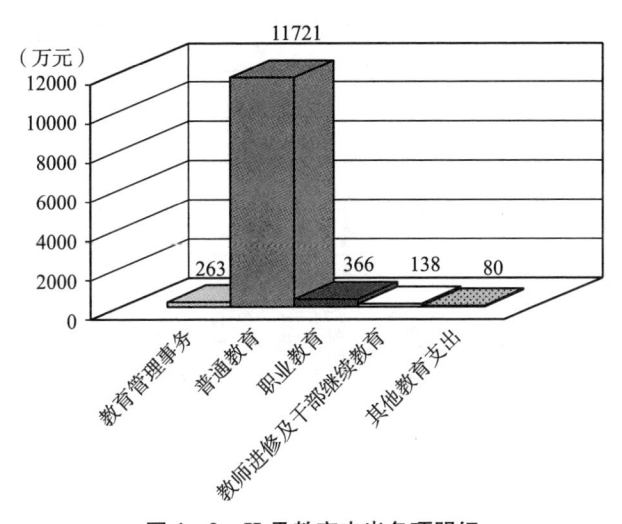

图4-3 H县教育支出各项明细

　　财政支出中的又一个"大头"便是一般公共服务支出,其主要功用就是维持着国家政权以及政府管理机关的正常运转。在H县2009年的一般预算支出中,用于一般公共服务方面的支出总量达到12422万元,成为H县一般预算支出中的第二大支出,与教育支出的总量相差不多。在H县,一般公共服务的支出主要包括人大事务、政协事务、政府办公厅(室)及相关机构事务、发展与改革事务、统计信息事务、财政事务、税收事务、审计事务、人口与计划生育事务、商贸事务、统计信息事务、国土资源事务、人力资源事务、纪检监察事务、地震事务、气象事务、档案事务、共产党事务、民主党派及工商联事务、群众团体事务、宗教事务等支出。图4-4是H县一般公共服务中的几项主要事务的支出比重：

　　在H县的一般公共服务支出中,政府办公厅(室)及相关机构事务的支出就高达6894万元,占总的一般公共服务支出的一半以上,其具体项目构成分别是行政运行2043万元、一般行政管理事务442万元以及其他政府办公厅(室)4409万元。值得注意的是,在H县一般预算支出功能分类明细表中,并未将4409万元的具体用途加以说明,只是笼统归为其他政府办公厅(室)支出之中,这种支出归类上的模糊性不仅不利于对财政资金具体去向的监督,也为一些不明支出资金的产生提供了方便。在一般公共服务

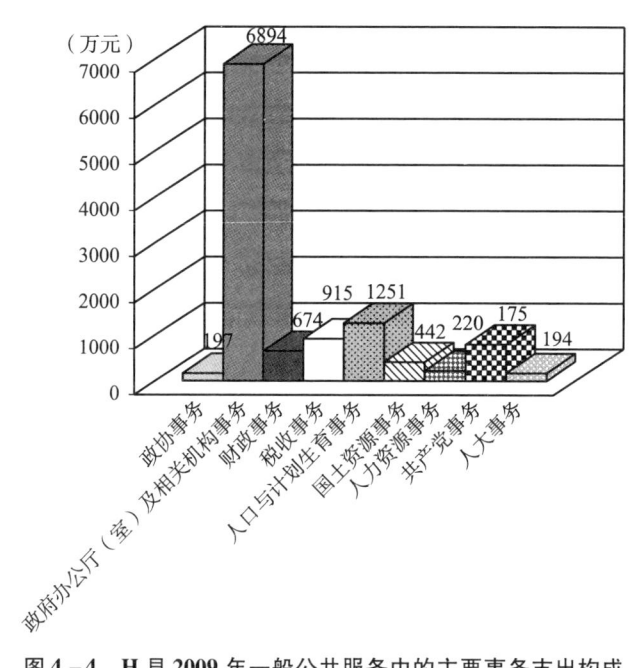

图 4-4　H 县 2009 年一般公共服务中的主要事务支出构成

中，有关人口与计划生育事务、税收事务以及共产党事务的支出也相对较多，人大事务与政协事务的支出虽然未及前几项支出规模，但也各有近 200 万元的支出总量。一般公共服务上的支出规模之所以如此庞大，主要源于财政支出基数的扩大性——庞大的政权机构、有增无减的财政供养人员、数目繁多的机关单位，这些构成了巨大的财政支出基数，且这个基数呈现只增不减的扩张性，不仅造成了一般公共服务支出的不断扩大，也给财政平衡带来了压力。

在 H 县的一般预算支出构成中，我们不难发现，这些项目支出大都具有刚性强、基数大等特点，且这种支出结构并没有反映出公共产品供给的意愿，大都是用来保工资、保运转、保稳定、为专项提供配套资金等。近些年，虽然我国地方政府的财政支出总量不断上升，但真正用来满足当地居民需求的公共支出增长却相对缓慢。由于缺乏用手投票与用脚投票的机制，同时受到压力型体制的限制，地方政府在财政支出上具有很大的路径依赖，在编制支出预算时，往往不能完全按照居民意愿来对财政资金进行分配。在谈到这一问题时，H县的财政局局长也说道：

"支出就是工资定死，办公经费定死，剩下来就是专项投入定死，一般预算支出主要就是这三大块。"

前面提到，政府性基金支出也是政府性支出的重要组成部分。2009年，H县的政府性基金支出总量为24319万元，其中一般公共服务支出155万元，文化体育与传媒3万元，城乡社区服务支出23868万元，农林水事务支出243万元，采掘电力信息等事务50万元等。2010年，H县的基金支出达到34761万元，其中社会保障和就业支出246万元，城乡社区事务支出33878万元，农林水事务支出263万元，工业商业金融等事务支出143万元，其他支出231万元等。很显然，城乡社区服务支出构成了H县政府性基金支出的最主要部分。

3. H县财政支出的软－硬二元化

虽然地方政府在一定范围内可以根据其自身的优先次序对财政支出进行分配，但实际上，我国县级财政支出会受到一些正式、非正式制度因素的影响，并使得我国县级财政支出结构存在软－硬支出二元化的特征。所谓软－硬二元化，指的是根据财政支出的用途以及在支配过程中的自主性大小，将财政支出分为财政硬支出与财政软支出两种类型。

财政硬支出通常是指运转类支出，这部分支出是稳定的法定支出，没有弹性和随意性，如人员经费支出、专项转移政府中的配套资金等等。有学者选取经济发展水平不同的县级进行比较，发现即使在存在着大转移支付的情况下，欠发达和不发达的县级财政仍然还是典型的"吃饭财政"，个别县级甚至没有基本建设的支出。发达县级除可以维持政府的日常运转外，还可以提供较多的资金用于基础设施的建设。这说明，我国很多县级在财政支出上，仍然具有很强的财政硬支出特征，其自主性难以得到保证和实现。在我国，财政硬支出与上级政府的意志也有着密切关系。在我国独特的政府制度安排下，县级财政硬支出带有刚性特质。在一些地方，众多法定支出的存在几乎就占据了县级政府当年的可用财力增加额。同时，由于上级政府的政策制定并不受下级政府的预算过程制约，这就产生了众多"中央请客，地方买单"的无经费指令支出。诸如此类的硬支出要求，常常使地方政府陷入两难境地。结果是原本在预算安排中的一些项目支出，在年底决算时不得不为指令性支出让步。这严重削弱了县级政府的预算决定权和支出的自主权。[①]

与财政硬支出相对应的财政软支出，这类支出指的是县级政府可自由安排其用途的支出。这部分支出可以不受上级政府的影响和控制，由县级政府根据自身情况自主安排自由分配。由于客观条件不同，县级政府在支出裁量上往往有不同的取向。一般认为，县级经济发展状况和地方领导人的价值排序是决定县级财政软支出优先次序的两大决定因素。我国幅员辽阔，地域间存在显著差异，经济发展落后地区由于可用财力的缺乏往往无须对财政软支出进行安排使用。值得注意的是，经济发达地区的财政软支出显示出了一定的规律性，那就是，在公众需求和政绩考核之间，一些地方官员往往选择了后者。这种安排自有其制度根源，在我国政治集权的压力型体制下，自上而下的干部选拔任用制度，是转型期国家控制社会生活秩序最重要也是最有效的机制，为了能在激烈的政治晋升锦标赛中胜出，地方官员往往将财政软支出投向更显性更能体现其政绩的领域当中去。这样做的后果则是，地方财政支出大多会挤占诸如公共卫生、居民饮水等方面的支出，优先保证基础设施建设支出，这样有助于改善投资环境，促进地区经济发展，在此基础上实现财政收入的增加。这也是部分地区公共产品得不到有效供应的原因所在。[②]

二、H县财政支出中的策略选择

财政支出或政府支出，指的是政府在履行其职能时所花费和支出的总费用，其实质就是政府所进行的政策选择，同时也反映出政府在提供公共产品与服务中所发生的耗费成本。财政支出首先遵循的是量入为出原则，

[①②] 曹静. 县域财政自主治理的行为逻辑与制度困境 [J]. 财经问题研究，2012 (1)：89 – 94.

因此财政收入在很大程度上决定了财政支出规模。财政支出是弥补市场缺陷的重要手段。财政是政府对资源进行第二次分配的重要手段之一，其要义是体现社会公平，进而弥补市场在资源配置上存在的不足，即对市场无法企及，也不愿涉及的领域进行干预，在实践中，这些领域主要包括：国防、外交、教育、医疗、文化以及社会保障等，财政支出在理论上也应以上述领域为投入重点，这不仅能增进公众利益，也有助于整个社会公平与正义的实现。由此可见，财政支出的规模及其结构受到很多因素的影响，主要包括财政收入、存在市场缺陷的领域以及满足公共需求的政府职能的范围等。

在前面第三章的分析中，我们得知，在政治"锦标赛"的制度激励下，H县在组织财政收入过程中的自主性被充分释放，其在收入上的内在逻辑便是将"财政盘子"做大，以便获得更多的财政资源，从而为财政支出提供强有力的资金保证，最终实现地方经济的整体发展。H县通过向上索取与向下汲取两条途径，在扩展财源的道路上，运用多个组合策略，如积极向上级政府争取专项资金、以优惠政策为主要手段的招商引资、非税收入增收以及"土地财政"的运作等。在财政支出上，县级政府的支出逻辑可以概括为"收入约束、考核引导、事权决定、激励影响等四个方面"，① H县的财政支出也是遵循这一逻辑进行的，作为理性的行动者，地方官员除了在组织财政收入过程中具有一定的选择性和相机性，在支出逻辑的引导下，H县在财政支出上亦采取了一系列策略，以面对收支缺口和日益激烈的府际竞争压力。前面提到，H县的财政支出呈现出软-硬二元化的特点，在不同的支出类型中，H县的支出策略也不尽相同。

（一）H县财政硬支出策略

财政硬支出通常是指用以维持地方政府正常运行的运转类与法定性支

---

① 何逢阳. 扩权改革中县级政府财政收支策略研究——以G县为例 [M]. 上海：上海人民出版社，2011.

出，具有一定的稳定性和刚性，支出的弹性和随意性相对较小，如人员经费支出、专项转移中政府的配套资金等。在H县的财政支出项目中，一般预算支出的大部分项目都属于财政硬支出，这就意味着虽然在形式上，H县对于整个财政收入具有安排支配的自主权，但究其实质而言，财政硬支出的特点限制了其自主性的发挥。除了在支出项目上的硬性要求外，中央政府在支出标准上也有着明确的规定，地方政府往往无权自行决定。在实践中，我国的地方政府尤其是县级政府，往往处于事权重、财力少、区间差异大的境地。面对上级政府的标准统一的硬支出要求，一些落后地区的县级政府也有些力不从心。

但无论是地方政府，还是政府中的地方官员，作为理性经济人，为了实现自身利益最大化，在安排财政支出的过程中，在受到财政硬支出的限制的同时，也在不断发挥自身的自主能动性，试图突破硬约束，实现财政支出的扩张。

1. "五保"优先：政治考量的要求

我国的政治体制具有鲜明的集权化特征，作为理性行动者，地方政府及其内部官员清楚地认识到，只有尽心尽力地完成中央上级政府下达的政治任务以及政策指令，才有可能在现有体制中获得晋升的资本与条件。县级政府作为各项职能最为完备的最基层一级政府，虽然在处理地方事务以及进行财政收支活动中具有相当大的自主性，但至少在形式上与中央政府保持高度一致是其行为的内在逻辑。此外，我国现行的财政分权，虽然带有分权色彩，但由于财政体制下的相关配套机制尚未完善，加之压力型体制的巨大冲击，县级政府在财政支出中的偏好和侧重有着较为一致的相似性。H县在财政资金的安排上，也是将带有硬支出性质的项目放在优先位置安排支出。

中央也好，省也好，哪部分资金用在哪里，是有政策规定的。我们县，在财政支出这一块，首先要搞五个确保，保工资、保运转、保稳定、保社会保障、保一些法定支出，法定支出主要包括教育、科技、支农，这有个法定增长的问题，每年开始做预算的时候就开始考虑了，然后我们支出的时候要把这几块先要搞到位，这上面都是有规定的，所以首先是要达标。在保证这些方面以后，你有了富余，才可以用在其他方面上。过去有句话，是一要吃饭，二要建设，现在是在五个确保的前提下，再谈别的。

在前文，通过对H县一般预算支出的规模与结构的分析，我们发现各个支出项目大部分具有硬支出性质，且数额较大，这样留给H县自由支配的财政资金就稍显不足。H县财政局的一位工作人员的叙述也印证了这一点：

我们去年的财政支出有7.7亿元，比上一年增长了28%。7.7亿元中，有两个多亿是专项支出，是要专门用于某个方面的，我们是没有权力支配的，两个亿是用于个人支出的，包括工资、津补贴、住房公积金、离退休职工经费等等。再有就是专项转移支付的配套资金，还有学校的维修，也增加了1000多万。

为了配合上级政府相关政策的落实与部署，在对待财政硬支出的刚性需求上，H县表现出良好的顺水推舟的心态。在中央提出的"保增长、扩内需、调结构"要求的引导下，H县所在的J市提出了财政支出的"四个倾斜"，即向农业、向农村、向基层、向落后收入群体进行倾斜，要求将上述四方面作为财政支出的重点，要给予一定保障。面对这些要求和任务，H县积极响应，在财力有限的情况下，力求最大限度地提高当地社会保障水平以及公共服务的能力，将上级任务与自觉行动整合到一起。但值得一提的是，虽然H县对于上级政府的意图进行了不折不扣的执行，但作为具有独立利益的地方政府，对这些支出却有着跟中央政府不太一致的理解。一位分管县长是这样说的：

上面给的转移支付，主要有两大块，一个是发工资，另一个是项目这一块。这些资金你必须专款专用，是不能自由安排的。这两年，中央在民生上投入了很大一块，他给我们钱，也支持我们干，但我们县一级也需要配套，这些配套对我们来讲的话，也是很大一笔支出。实际上，中央对我们也是算计着给的，你可用财力有多少，他们也已经算好账了。对于我们县级政府来讲的话，我们关心更多的是怎么挣钱的问题，而不是花钱的问题。现在一些民生工程，在供给上存在很多矛盾，不仅花费大，还涉及很多问题。比如说你不能干得太快，枪打出头鸟，你太拔尖了，周边的兄弟地区该对你有意见了。还有就是你财力和事权不匹配，以前我们能保吃饭就不错了，现在经济发展了，财政收入一年比一年多，但一些民生工程也大部分是上级指派下来的，县里只有在财力有很大富余的时候，才能把这个当成自主事项。

目前中央的转移支付大部分采取规定指定用途的使用方式，这虽然在一定程度上保障了资金投入的方向和领域，但这种方式的实施效果也有待商榷。此外，一些政策的制定，也出于政治考量而没有考虑财政资金的效用问题。访谈中，H县财政局的某科长就说道：

比如说，我们这个粮食直补，中央的这个想法真的是非常好，你种田，我给你补贴，但说实在话，三十五十，老百姓还真是看不上，这种补贴也根本解决不了问题。现在人的这种心态，他对那些东西是不感兴趣的，让他为了几十块钱，跑很远的路到那里去拿，他根本就不领情。这一块他也晓得说，还是党的政策好，实际上，他对这个事情无所谓。这种撒胡椒面式的转移支付，效果并不好。如果这个钱不分散给老百姓，而是给各级政府，然后规定用途，用来修路、搞基本建设，每年都做一个项目，农村面貌能不好起来吗？这些事做起来就是最大的实事，我们也向上面提了很多次，但是中央不这样想，他们有自己的考虑。中央考虑的重点不是资金效率如何如何，而且从政治角度上说，这个惠农政策，要让老百姓直接感受到，直接领到钱。从古至今，哪一个朝代，哪一个政党不是对农民征收苛捐杂税的，给农民发工资的，还是头一回有。老百姓领中央的情，但骂的是县长。我们也很委屈，县级财政刚刚摆脱吃饭财政，但是中央财力雄厚，已经到了转型期，我们的立足点不一样。

这实质上提出了未来财政转型的问题。从国家层面上来说，财政是从建设型财政、发展型财政转向公共财政、民生财政。近些年来，中央逐渐减少在基础设施建设，特别是经济建设上的投入，而将更多财政资金投入到民生工程上来，改善老百姓的生活，但又面临中央财政转型和地方财政转型不同步的问题。中央财政通过财权在手真正实现了对财政资源的控制，具备了转型的能力和条件，可是碍于地方政府大多还处于转型的初级阶段，财力与事权的不匹配又加大了财政收支缺口，这种财政转型的不同步导致中央与地方利益的逐步分化，使得地方与中央在讨价还价中彼此博弈抗衡。

在谈到一些专项转移支付的实施效果时，H县财政局的预算股股长也表达了同样的看法：

上面每年都下文要进行水利补贴，我不是说不该下，上面肯定是要大力地支持县级的水利支出，有的县是一年三四千万元，少的也有两三千万元，但是，年年修来修去，就是那一个水库，今年修，明年修，甚至有时候，上面来检查，他把你带到另外一个修好的水库。

上述访谈反映了财政资金浪费的问题。一直以来，很多学者在研究地方财政问题时，几乎都提到了地方财政所处的资金困难的窘境。实际上，财政困难、财政分权以及转移支付等都是在给定的格局下进行的讨论，一些硬性支出的效果与效益如何，并未得到应有的评估。一方面，很多地方政府在一些公共物品的投入上显得捉襟见肘。另一方面，地方政府的办公楼却建设得相当豪华，"三公"支出却居高不下，一些财政资源被浪费和滥用。这种不平衡不仅出现在不同的地区之间，在政府内部不同的部门之间也屡见不鲜。一些部门出于对自身利益的维护，充分发挥了理性人的特质，对于有限的财政资源，表达出了强烈的偏好，运用各种资源手段来强调自身重要性从而实现对财政资源的占有。加上财政监督机制的不完善，财政资源支出的路径依赖，一些不太重要的部门抢占了其他相对重要部门的财政资源，这种支出管理的不足不仅浪费了大量的财政资源，而且与收入结构相互强化，呈现出扭曲的姿态，不仅导致了政府决策的低效率，也为腐败提供了可乘之机。

由此可见，地方政府对于上级，尤其是中央财政要求的支出项目和法定事项，基本能够较完整的贯彻执行，H县在预算编制过程中的"五保优先""四个倾斜"就是好的例证。诚然，无论从理论上还是在形式中，县级政府都该拥有较为独立的财政预算权，但实践中，县级政府的这一级预算权的自主性却很难保证，是有限的自主。在无力改变现状的情况下，县级政府表现出良好的顺从心态，这也是出于政治考量的结果。

2. 基数加增长：行政支出的扩张

根据我国现行教科书的定义，"行政支出是财政用于国家权力机关、行政管理机关和外事机构行使职能所需的费用。"① 在我国，行政支出主要包括：政府行政管理机关、公检法司和武警以及外交外事支出等三大部分。依据新的统计口径，地方政府的行政支出主要包括两类，即一般公共服务与公共安全。近年来，我国的行政支出呈现出不断猛增的态势。根据国家统计局发布的2007年的中国统计年鉴，我国的功能性行政管理费支出达到了3352亿元。② 它的增速不仅快于当年GDP增长的幅度，也将迅速增加的财政支出远远甩在了身后。

由于2007年的政府收支分类改革，关于行政管理费的统计口径发生变化，因此笔者只列举H县2007~2010年行政支出的变化情况，如图4-5所示：

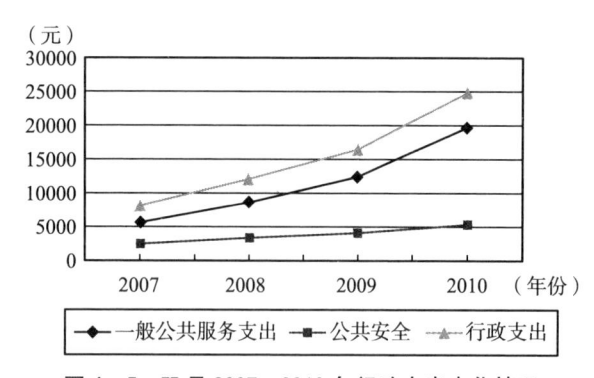

图4-5 H县2007~2010年行政支出变化情况

图4-5中显示，H县2007~2010年的行政支出逐年递增，相比较公共安全，一般公共服务的增长幅度更为显著。前文提到，一般公共服务支出是H县一般预算支出中的第二大支出，且主要是由县本级财政负担。公共安全支出也是H县一般预算支出的主要部分，同一般公共服务一样，其资金来源也大部分来自于H县的自有财力。虽然，在新的政府收支分类明细中，

---

① 陈共. 财政学 [M]. 北京：中国人民大学出版社，2007：103.
② 中国国家统计局. 中国统计年鉴2007 [M]. 北京：中国统计出版社，2007：281-286. 需要说明的是，这种统计口径只是狭义的行政管理费，并未包括公共安全等方面的支出，若加上公检法、武警、外交外事以及其他部门事业费，这部分行政支出将是狭义的行政管理费的两倍有余。

一般公共服务与公共安全都是按照具体部门的功能进行了更为细致的划分，但若按照财政资金的具体用途来分，无非是人员经费和办公经费两种形式。

上文提到，县级政府基于政治考量的要求，在一般预算支出的安排上采取"五个确保"，以完成一些基本的财政硬支出。在"五个确保"中，保稳定、保社会保障以及保法定支出这三项更明显地体现了财政硬支出的刚性特质，这部分的资金来源大多来自中央政府专项转移支付加上地方配套的自有财力资金，地方政府虽然给予执行，但却没有支出扩张的冲动。与此不同的是，保工资、保运转的财政支出，虽然形式上具有硬支出的性质，但在预算编制过程中，由于这一部分资金最终的用途是在政府各机关部门的内部，为了获得对财政资金更大的自主性，从而扩张自主行动的空间，县级政府往往有着巨大的支出扩张的冲动，这在客观上造成了行政支出规模的不断加大。表4-3是H县2009年政府机关的机构数量和财政供养人数。

表4-3　　H县2009年政府机关的机构数量和财政供养人数

预算科目	年末机构个数	年末人数	包含			年末学生人数
			一般预算财政拨款开支人数	一般预算财政补助开支人数	经费自理人数	
一般公共服务	40	2173	1703	433	37	
公共安全	6	440	440	0	0	
教育	36	3481		3481		43073
科学技术	2	8		8		
文化体育与传媒	7	157		157		
社会保障与就业	6	134	34	78	22	
医疗卫生	22	1213	965	248		
环境保护	1	30		10	20	
城乡市区事务	2	406		406		
农林水事务	8	603		374	229	
交通运输	1	133		32	101	
采掘电力信息等事务	4	82		79	3	
粮油物资储备管理等事务	5	173	11	130	32	
其他支出（类）	1	454	11	443		
合计	141	9487	2199	6596	692	43073

从表 4-3 中我们看到，H 县 2009 年财政机构数量达到 141 个，财政供养人口更是达到 9487 人，其中经费自理人数就达到 692 人。这些规模庞大的机构公务人员，每年都要安排大量的财政基金支付人员经费。在访谈中，一位财政局的工作人员曾经提到，H 县每年用于人员经费的支出就高达两个多亿。除了上级政府给予的法定支出压力外，地方政府也有足够的动力，来维持并不断扩大财政资金在政府内部的投入。

除了保工资以外，保运转也是 H 县政府安排财政支出的首要考量。与保工资一样，运转支出的多寡同样关系到政府各个机关部门的切身利益，作为关注自身利益最大化实现的理性人，地方政府及其政府官员，在安排运转支出时，自然有着天然扩张的冲动。这种支出的硬性特质为运转支出的安排提供了合理性，至于硬支出资金的大小多寡，却是取决于县级政府自我权衡后的预算安排。尼斯坎南在 1971 年《官僚机构与代议制政府》一书中，提出了预算最大化模型，这一理论认为，官僚的最为迫切的目标是最大化自己的效用，而要实现这一目标，他们将会最大化他们机构的预算。进入 20 世纪 90 年代以后，尼斯坎南又在原来模型的基础上有所修改，他提出官僚倾向的预算最大化，并非是总预算而是能够自由裁量预算的最大化。虽然这一理论假设仍缺少足够的实证分析来进行数据检验，但至少为地方政府在关系自身的行政支出的扩张冲动找到了一点理论依据。

需要指出的是，虽然地方政府为了扩大自主空间，一定程度上造成了行政支出的只增不减，但一些客观因素的出现也为行政支出的上升提供了合理理由。比如，财政供养人口增加、公职人员调资、公检法部门法定支出的增加等因素的客观推动。此外，一些制度性的缺陷，也为地方政府较为顺利地实现行政支出的不断扩张，提供了可能。由于我国现行的财政预算体系，缺乏透明性和细致性，一些行政支出并未能在财政预算内得到清晰呈现。虽然现有的预算体系将政府收支项目从高到低分为类、款、项、目四个级别。但从中央到地方，能够查到的财政收支明细都只是细化到"款"级科目，这种明细性的欠缺直接影响了数据的合理性和真实性，唯有透明细致的收支预算，才能对政府的收支行为产生有力的约束。

近年来，"三公"支出屡增不减，学者竹立家（2006）就曾撰文指出，

"政府部门每年在公车消费、公款吃喝、公费出国三项支出中高达9000亿元之巨。"财政部在日后称这一数字"严重失实"。①

目前，我国地方政府的行政支出的统计中还有一些弊端。一个是将上级转移支付下拨的专项资金通过截留等方式用于地方政府的行政支出；另一个是统计数据的真实性不足，地方政府为了掩饰行政成本，往往将大量行政支出通过预算外资金实现，预算内只体现出一部分行政支出，导致预算编制的混乱，出现"外行看不懂，内行说不清"的局面。2011年的全国两会期间，时任总理温家宝就行政支出的控制也提出了明确的要求，他指出，要大力压缩行政开支，继续控制和压缩因公出国出境、公务用车购置及运行、公务接待三项经费支出，原则上实现零增长，切实降低行政成本。此外，各类预算执行和决算的审计报告要向社会公开，"三公"支出的预算和决算也要向社会公开，为公众对政府进行监督提供方便和可能。笔者认为，"三公"支出的公开的确迈出了财政透明的第一步，但如何公开，公开的科目细化程度，有关监督审查制度的建立与完善以及各级人大部门以及公众的充分参与，这些也是接下来应该重点考虑的事情。

（二）H县财政软支出的策略

前文中，笔者将财政软支出定义为政府根据自身情况自主安排自由分配的支出，与财政硬支出不同，这部分支出不具有刚性特质，是地方政府真正的可支配财力，政府在资金使用时具有较大的自由裁量权。依据财政支出的预算管理方式的不同，H县的财政支出主要包括一般预算支出、政府性基金支出以及预算外财政专户资金支出，其中，大部分的一般预算支出均具有财政硬支出的性质，政府性基金以及预算外财政专户资金支出，则由于资金使用的自主性程度较大，而划归到财政软支出的行列。

1. 支出裁量：政绩外显优先

由于可支配财力的稀缺性，地方政府在安排软支出时，往往有着自身的

---

① 财政部对于9000亿元的"三公"支出给予反驳，称仅为1201亿元。

支出裁量。傅勇、张晏（2006）的研究就表明："不同类型的财政支出对推动地区经济增长（尤其是任期内的增长）作用不同，地方政府为增长而竞争的努力必然反映在财政支出结构上，并造成偏重见效快、增长效应明显的基本建设投资、忽视科教文卫投入的扭曲"，① 在谈到 H 县所面临的地方竞争压力时，主管经济的某县长说道：

应该说，我们现在最想干的事就是发展，为什么呢，不发展不行。省里、市里对我们都是有考核的，比如 GDP、财政收入、固定资产投资、工业产值、社会事业发展等等。你经济发展不上来，收入就上不去，城市面貌上不去，招商引资也开展不好，其他指标也就完成不了，各个方面都会受影响。这几年，我们自己纵向比，变化确实很大，城市框架拉大了，市容市貌美化了，但横向比起来，我们跟发达地区比，还是工业的后劲不足，还是工业要加快发展，无工不富啊，所以我们要发展。

这种地方政府间的竞争，虽然一定程度上促进了地方经济的发展，但也很容易在竞争过程中发生扭曲，从而不利于中央整体利益的实现。

市场经济条件下，供给公共产品是地方政府的首要职责之一，这包括为市场竞争提供技术支出以及基础设施等公共产品。随着改革开放以及经济的不断发展，地方政府竞争的方式也在发生变化，由过去的以政策优惠为主要方式，转为以构建投资环境为主要导向的方式，这样一来，地方政府的核心竞争力便是提供公共服务水平的能力。随着资金技术以及人力资源流动性的不断加强，地方政府的服务意识必将受到冲击而加速转变，各种要素的流动不仅成为地方政府竞争的重要推力，也在一定程度上加剧了政府间竞争的程度。

此外，地方官员也要接受各种政绩指标的考核，在组织制度与晋升机制

---

① 研究表明，1994 年以来的财政分权显著推升了政府基本建设支出份额，而减少了政府科教文卫支出份额。重要的是，分权对两者的影响不仅在方向上完全相反，而且随着竞争的升级影响还在加强。对于基本建设支出，地方越分权，政府基本建设投资份额越大；同时竞争越激烈的地方分权对基本建设投资比例的正面影响越强。相形之下，分权对科教文卫支出的影响则有些微妙，地区竞争的升级使得地方政府更倾向于忽视在人力资本和公共服务上的支出。参见傅勇、张晏. 中国式分权与财政支出结构偏向：为增长而竞争的代价［J］. 管理世界，2007（3）：4-13.

的双重作用下，地方政府在软支出的安排上也呈现出较为一致的偏好，这种支出结构的产生受到地方政府行为目标的影响。作为理性的行动者，地方政府不仅在财政收入的组织过程中，表现出强烈的选择性和相机性，在财政资金的使用上，尤其是能够根据自身情况自我管理和决策的软支出资金的运用上，地方政府也呈现出较为明显的扩张性和政绩外显优先。这一点在 H 县也表现得比较明显：

各地都要有政绩啊，这种考核体制，逼着地方官员想办法。比如说今年，我的结余资金有一个亿，那我要做什么东西，我不可能做人们看不到的东西，或者做五年以后才能见效果的东西。今年换届，政府做了几件大事情，今年做，今年完工，可以看得出政绩的东西，所以肯定是倾向于看的到的东西，看不到的东西是不会去做的。这个就联系到中国政治体制的问题，官员任免的问题，所以人们说不讲数据，不讲数据行不行呢？不行，很多官员还是要去搞数据，不搞数据怎么去面对考核？

根据显现效用的不同，政绩可以分为显性政绩与隐性政绩。显性政绩即为短周期便能见到成效，看得到的成绩大都周期短、见效快、成果显；隐性政绩则是打基础做准备之用，短期内不能见到效果，但长期看却有着不可或缺作用的政绩。一些形象工程、政绩工程之所以层出不穷，大多是由于一些领导干部的政绩观出现了异化偏差，突出表现在："（1）贪大求全，不顾当地经济实际状况，大搞面子工程。如大规模地投资建设大广场、宽马路、大草坪，修建世界最大公园等项目。（2）急功近利，为了追求近期效果，不顾长远利益，随意设置开发区，圈占大量土地。（3）弄虚作假，搞虚假政绩，摆花架子。一些地方，乡村的主道路边有'示范田'，城镇主道路旁有高楼房。凡有上级检查，各种评比，都要带到此处参观，以显政绩。还有一些地方，在小城镇城市建设中弄虚作假，人为地'提升'了城镇化水平"。①

公共选择理论中，将政府官员假设为理性的经纪人，该理论认为，政府

---

① 马玮．"形象工程""政绩工程"的成因及治理对策［J］．徐州教育学院学报，2004（3）：1-3．

官员在进行公共决策过程中，是以实现自身利益为出发点，公共利益并不是其首要考虑的条件。这种观点有其偏颇之处，只强调了政府官员在公共事务治理中的自利性，而忽视其公共性和社会性，这种理性是有限的，并非无所节制，如果地方政府官员发现通过改善自身的管理水平，为当地企业、居民提供高效优质的公共服务能够吸引资本、技术、劳动力等要素，进而推动地方经济发展，提升地方官员在晋升竞争中的相对排序（尽管这种做法有时也会与公众利益相一致），那么这种策略对地方政府官员来说，就是可取的。

2. 支出形式：灵活变通

（1）返还式支出

为了加强对预算外非税收入的管理和控制，财政部门采取财政专户管理等方式，按照"所有权归国家、调控权归政府、管理权归财政"的原则，来对预算外的非税收入进行管理。但在实践中，一些地方政府仍然实行"走账"管理，将预算外的非税收入划归为自由支配的财力，挣脱上级政府的监管而行使对这部分资金的使用权和决定权，H县也不例外的采取了这种做法。前文提到，在各部门上缴的罚没收入以及行政事业性收费收入的管理上，H县采取了"收支挂钩，以收定支"的方法，实行30%统筹留用，70%返还给征收部门的差额返还的方式。差额返还的收入主要用于弥补各部门的办公经费的不足，维持部门正常运转。对于这种返还式支出，H县非税局局长这样说道：

"我们的一些非税收入，比如说罚没收入、事业收费收入，形成不了县里的可用财力，别看数量很多，但是这些支出大部分都返还给各单位了，不过，我们也是统筹使用的。就是说，这个返给他们以后，一般预算内我就少安排，其实差不多，计生费也是这么搞。"

这种返还性支出，也许确如上文所述，其只是代为履行了一般预算内理应安排的财政支出的职能。但这种返还式支出不利于财政收支脱钩的彻底实现，为财政管理的混乱状况埋下了隐患。由于缺乏较高层次上的法律上的支撑，一些制度约束相对软化的情况下，预算外非税收入的管理依然陷入行政部门主导预算外非税收入管理的局面,地方政府部门和单位事实上仍归部门所有,部门仍拥有预算外非税收入征缴决定权和使用权,使财政专户管理的作用大为受限。

预算外非税收入在资金筹措与使用上存在的问题远不止这些。由于预算外非税收入规模巨大,极容易被随意处置和乱用,甚至成为滋生腐败的温床。预算外非税收入之所以存在,其主要原因在于中央对地方间统一收入分配机制的不明确。此外,由于财政分权改革处于转型期的探索阶段,一些制度的软化也给地方政府提供了较高的激励,促进其选择符合自身利益的策略以扩展自主性空间。这些在一定程度上削弱了中央的调控与管理能力。但随着政治经济体制改革的不断深化,财政体制的不断完善,软制度有着不断硬化和理性化的趋势,这将有助于重塑地方政府的激励结构。

(2) 税式支出[①]

我们的税收立法权一直集中在中央,地方政府在税收自主权上相对缺乏,这种税权集中、税法统一的税收体制限制了地方政府对税收的管理和使用。前文说到,地方政府官员为了在激烈的政治锦标赛中胜出,应对政府间的竞争和政绩压力,往往采取各种策略来实现财政收入的增长。其中,招商引资成为地方政府培植财源的重要方式之一,税收优惠即税收返还成为招商引资的主要竞争手段。由于到目前为止,我国财政决算仍然只涉及预算内资金及部分预算外非税收入,其中有相当大的一部分预算外非税收入、制度外收入游离于预算监督之外。因此,根本不可能通过人大预决算监督地方税收返还。为了鼓励企业在 H 县投资,县政府也变相以财政支出的方式将地方留成税收中的部分甚至全部返还给纳税人。

当然,这是 H 县政府在国家出台严格控制企业税收减、缓、免政策后采取的一项变通措施。但这一措施违反了税收法定、税收公平等原则,造成了一系列竞争与分配上的问题。

[①] 美国哈佛大学教授、前财政部部长助理斯坦利·萨里(Stanley Surrey)曾于 1967 年提出"税式支出"的概念。所谓税式支出,即在现行税制结构不变的条件下,国家对于某些纳税人或其特定经济行为,实行照顾或激励性的区别对待,给予不同的税收减免等优惠待遇而形成的支出或放弃的收入。税式支出由税收优惠发展而来,二者所涉及的对象基本相同,但有本质区别。

(3) 债式支出

《中华人民共和国预算法》在第二十八条中有如下规定:"地方各级预算按照量入为出、收支平衡的原则编制,不列赤字。除法律和国务院另有规定外,地方政府不得发行地方政府债券"。由此可以看出,地方政府并不具有举债权,这是中央政府明确禁止的。但在实践中,这项规定并未得到贯彻落实,在城市开发和建设过程中,地方政府大都采取各种方式进行举债融资,甚至得到了上级政府的默许和纵容。

在实践中,我国的城市建设一般指由城市政府负责的道路、隧道、桥梁、码头、供水、供气、供热、排水、园林、污水处理、垃圾清运及处理、绿地、防洪排涝等基础设施的维护和建造,因此,城市建设资金也就是用于上述目的的资金。我国城市建设项目融资经历了一系列变化。有学者分析了我国城建资金相关政策的四个演变阶段,即国家统收统支期、地方分权期、政策改革期以及加速发展期,如图4-6所示:

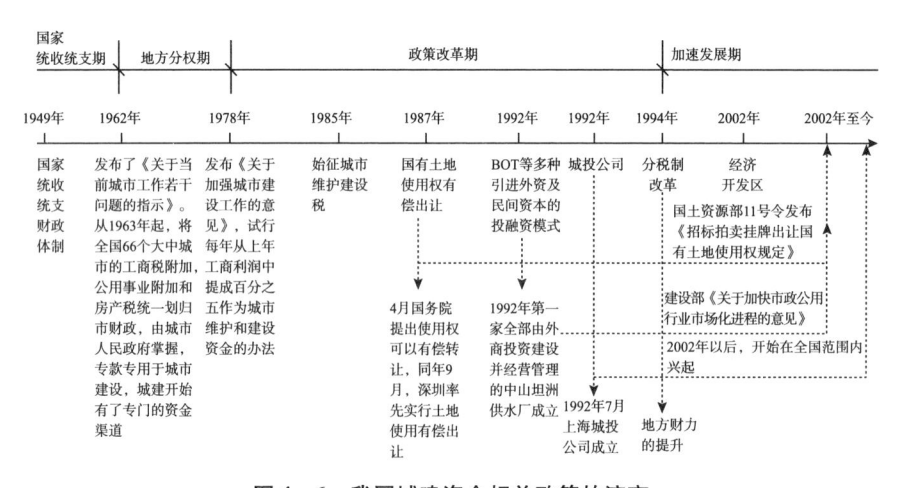

图4-6 我国城建资金相关政策的演变

资料来源:张照,王德. 我国城市基础设施建设资金运作模式研究 [J]. 城市规划, 2009 (3): 9-16.

城市经营(Urban Management)的理念出现于20世纪70年代末,后来在联合国开发计划署(UNDP)、联合国人居中心(UNCHS)和世界银行

(World Bank)联合推动下,城市经营的观念得到迅速传播。中国内地提出经营城市的理念则是在90年代中后期,"城市经营"本质上是一种关于城市理财智慧的概念,抛弃了将城市建设视为单纯消费投入的传统,是以政府为主导的经营主体,基于国家法律与政策规定,主要运用市场经济手段对城市资源加以综合运用,以实现优化配置城市资源,实现资源效用最大化的过程。近年来,在经营城市的理念下,一些地方政府开始了为城市发展扩展融资渠道的努力,并取得一定经验。比如,南京一方面通过成立土地储备中心,负责制订土地储备规划和土地储备年度计划,制订具体地块土地储备运作方案,积极利用土地收益为城市发展提供资金,另一方面积极地开放城市基础设施建设市场,大力引入外资与民营资本。此外,通过成立国有资产管理控股集团有限责任公司、南京市城市建设投资控股集团公司、南京市交通建设投资控股集团有限责任公司三大投融资平台为南京市城市建设举债融资。[1]

在H县,由于基础设施建设投资大、见效慢、利润低等特点,加之制度与政策等原因,私人往往很少在这一领域投资。H县对开发区建设虽然极为重视,但在财政上的直接支持并不明显。调研发现,与城市融资平台相比,H县政府性融资平台实力较弱,所能利用的资源较少,因此举债的手段也比较单一。但是无一例外的是,所有的这些政府性融资平台,其举债支出都投向开发建设领域。这也成为了债式支出的一种有效名义。

(4)其他支出

实践中,我国的财政预算编制采取的是列举式,即将每一项支出按照其对应的栏目进行列举,由于一些支出项目尚不能找到对应的款、类和项,因此就将这部分支出统一划归为"其他支出"。一般来说,作为财政预算项目的一个补充项,"其他支出"的存在有其合理性,也不该有所非议。但目前的问题是,这项"其他支出",普遍是语焉不详且数额不菲。到底支出用于何处?为何支出比例如此之高?这不得不引起我们的反思。

由于"其他支出"项目的存在,且缺乏具体的支出明细说明,这便无

---

[1] 南京市多渠道筹措城市建设资金. 长江建设, 2003 (2): 43-44.

形中为一些没有支出名目、政府不愿公开也不便公开的项目提供了合法的外衣。一些诸如招待费、疗养费、违规开支、三公消费等支出，都由于受到这一合法外衣的庇护而堂而皇之的大行其道。就有人曾形象地说道："'其他支出'是个筐，不明不白的都往里装"。由此可见，这种不透明的带有敷衍性质的"其他支出"，不仅侵犯了社会公众对这部分支出的知情权和监督权，同时也为腐败和财政资金的滥用提供了条件。此外，"其他支出"占一般预算支出总量的比重也很大，这与当初的设置初衷有所背离，很可能是一些地方政府有意为之的结果。在 H 县的财政收支决算明细表中，这种情况也得到充分印证。首先，在"其他支出"一项中，只有支出总额，并没有具体的支出明细和资金用途说明；其次，"其他支出"的规模不小，以 2009 年为例，H 县当年的一般预算支出总计为 77632 万元，其中，"其他支出"总额为 3668 万元，虽然所占比重没有达到举足轻重的程度，但将近 4000 万元的财政资金，也着实不是一笔小数目。

"其他支出"之所以让地方政府屡试不爽，有两大原因，一是看不到具体支出用途，人大审议时好通过；二是预算法规定，年度中财政资金在科目间"流转"不需要人大审批。① 此外，地方政府也常常以技术问题和涉及国家机密为借口，主观上倾向于将一些开支列于"其他支出"项目之中，加之在法律层面上并未有相关法律强制政府对"其他支出"项目进行预算公开，更未对公开的程度与范围进行明确规定，因此，地方政府对"其他开支"的模糊性处理也就不足为奇了。这种模糊性增大了地方政府在一些支出上的随意性，前文提到的税式支出以及债式支出之所以能够顺利实现，也是由于受到"其他支出"庇佑的缘故。此外，一些奖励性支出也是来自"其他支出"这个无法名状的"黑匣子"。

在"其他支出"的背后，是权力与权利的较量和博弈，唯有打破权力

---

① 中国共产党新闻网 http://cpc.people.com.cn/GB/64093/64103/14370315.html.《预算法》规定，年度中间财政资金在各个科目之间流转的时候，本来定在一个基本支出里，比如说教育经费的钱，若要挪到农业里边，是不需要人大去审批的。如果好多支出放到"其他支出"里边，年度中间想改变用途，从"其他支出"里边拿出来，这样再用于别的用途上，就不需要人大进行审批，这就使得政府在财政资金的使用上更加灵活。

与生俱来的傲慢与不屑，才能避免权利的卑微与不堪。监督的有效实施离不开公开透明的预算体制，在预算公开的路上，"其他支出"不应成为"绊脚石"，更不能成为逃离监管的"沼泽地"，只有实现形式上和实质上的公开透明，主动接受社会公众的监督评判，才能真正做到财政支出在阳光下运行。

通过分析H县财政支出中的策略选择，我们发现，无论是在地方事务发展的次序安排上，还是在灵活变通后支出形式的选择上，H县的财政软支出都出现了支出效率不高的问题。政绩外显优先挤占了对公共产品的供给；返还式支出、税式支出以及奖励性支出增加了财政收入组织的成本，且只是在形式上虚增了财政收入，实质上的交易费用数目不可小觑；债式支出增加了地方政府的财政风险，虽然解了燃眉之急，但也埋下了政府破产的隐患；其他支出又由于设置上的模糊性和规模的递增性，为地方政府的不规范支出提供了条件。

第五章 财政收支自主性的SAF分析

在前面几章,笔者对H县的财政收支自主性进行了描述,不仅分析了静态层面上的财权与事权、收入结构与支出结构,同时也分析了动态层面上的策略选择。前者体现了H县财政收支的相对独立性,后者则体现出H县在财政收支中,为获得更大自主空间而发挥出的能动性努力。这种独立性和能动性是对H县财政收支自主性的充分体现。在本章中,为了更好对H县财政收支中的自主性进行解释说明,笔者试图在SAF框架内,从制度-行动者-场域三个维度,对这一问题进行分析解释,以期对县级财政收支自主性进行更加深入的剖析。

一、制度分析

西方经济学家道格拉斯·诺斯认为,"制度是一个社会的游戏规则,更规范地说,它们是为决定人们的相互关系而人为设定的一些制约"。[①] 简而言之,任何制度体制都是一组规则的集合。形式上来看,制度为人们的行为方式进行了界定并提供了规范,就其实质,却是对利益关系的保护与界定,人类的相互影响正是在制度这一框架内得以发生实现的。无论是中央还是地

[①] [美]道格拉斯·C·诺思著. 制度、制度变迁与经济绩效 [M]. 杭行译. 上海:格致出版社,2008.

方，任何政府活动都是在具体的政治体制、经济体制和财政体制的约束和激励下逐步开展的。处于不同体制环境背景下的政府活动，其表现的形式、采取的策略、收到的效益具有一定的差异性。财政收支活动作为政府活动的重要组成部分，同样是在多种体制的共同影响下开展，其自主性的大小取决于所处情境的约束和激励程度。我们国家目前正处在转型期，政治体制、经济体制以及财政体制随着转型的不断推进而呈现出不同于其他国家的制度与环境特征，这些特征一方面成为约束县级政府财政活动的行为边界，一方面也为县级政府的现实选择提供了动力支持。

（一）政治体制：压力型体制的制约

历史上的中国从来没有改变单一制国家的性质，政治上的高度集权制一直是中国社会的政治特色。中华人民共和国成立以后，"因为体制的路径依赖和当时混乱动荡的政治经济环境，新政府依然选择了高度集权的政治体制"。随着改革开放的推进，地方政府的政治地位得以提升，经济地位得以凸显，在一系列"放权让利"措施的推动下，地方政府的行政管理和经济管理权限也逐步扩大。但是，在一体化集权化的政治框架内，地方政府和中央政府的关系仍然是天然的上下级关系，这种政治传统要求下级对上级的绝对服从，上级政府由于掌握下级政府的人事任免权而在政治上和行政上享有相当大的权威。这种政治集权构成了我国政府治理的独特的政治背景，县级政府的一切行为和决策都是在这个背景下进行的，其财政收支活动同样受到其限制。比如，上级政府可以给下级政府下达指标，若无法达成则对下级官员采取"一票否决"制度，这就迫使下级政府以上级政府的指令为导向，以获得上级的首肯为首要目标。同时，由于官员的任免是在党管干部的原则下开展进行的，上级政府可以通过人员调动和官员晋升来影响县级政府的决策。

"这种一体化和等级化的政府体制特征，使得地方政府面临的监督多是来自上级或中央政府的纵向垂直监督。作为政府公共服务的直接对象，即地方公众与企业，虽然对公共服务和公共产品供给质量有着最直接最有效的发言权,但因其不能影响地方官员的升迁任命,他们的看法和建议得不到应有的重视。这样,来自水平方向的监督也就极其有限。这就造成地方政府包括县域政府的主要官员为了得到上级政府的青睐和提拔而唯上是从,对于上级下达的一些政治性和政策性的任务,地方政府往往将其安排在最优先的支出次序上,其财政自主性在此过程中受到相应限制"。①

压力型体制即"一级政治组织(县、乡)为了实现经济赶超,完成上级下达的各项指标而采取的数量化任务分解的管理方式和物质化的评价体系",②"我国现行的政绩考核制度是影响县级财政收支自主性的重要因素之一。由于经济增长幅度几乎成为地方政府政绩考核的唯一指标,为了取得数字政绩,以此取悦和迎合上级,地方政府往往采取各种手段甚至是不规范的行政行为来达到 GDP 的连续增长。为了能在短期内取得最明显的效果,地方政府往往将可支配的财政收入大量的投入到经济建设上去,因而导致正常的公共需求支出遭到排挤。实践中,经济增长实际上成为了县级政府主要官员的第一要务。以经济增长为基础的晋升锦标赛结合了中国政府体制和经济结构的独特性质,在政府官员手中拥有巨大的行政权力和自由处置权的情况下,提供了一种具有中国特色的激励地方官员推动地方经济发展的治理方式。③ 这种竞争某种程度上的确促进了经济的发展,但其负效应也较为明显,重复建设和环境污染等问题就是为经济增长而付出的代价。而且,这种政绩考核方式使得地方政府在安排可支配财政收入上,存在着重经济发展轻公共服务的趋同化倾向。结果,财政支出在地方官员追求政绩这一价值取向的主导下,失去了本该有的自主性。在人事组织制度与政绩考核制度的双重制约中,县级财政自主性空间难免不被压缩"。④

衡量和考核各级政府官员工作努力程度和能力的重要手段是政绩考核,

---

①④ 曹静. 县域财政自主治理的行为逻辑与制度困境[J]. 财经问题研究,2012(1):89-94.
② 荣敬本. 从压力型体制向民主合作体制的转变——县乡两级政治体制改革[M]. 北京:中央编译出版社,1998.
③ 周黎安. 中国地方官员的晋升锦标赛模式研究[J]. 经济研究,2007(7):36-50.

考核指标就是地方官员行动的指挥棒。在重奖重惩①并存的情况下，地方政府官员会根据中央政府设置的政绩考核指标，付出相应的工作努力和施政行为。实际上，对地方政府的考核就是对各级地方政府党政一把手的考核。在具体工作中，一把手又将上级政府下达的指标和考核任务分解到下一级政府党政一把手那里，由下级政府党政一把手具体落实完成。各级政府设置的目标可量化性非常强，这种逐层下管的条块式激励形成了责任明确，非常可行的操作机制。最终落实到基层政府，使任务越来越重，财政压力也变得非常大。

实践表明，以经济总量指标（GDP）作为地方官员政绩的主要考核指标，无法囊括地方经济增长所付出的社会成本、环境成本和经济增长的方式与质量，也无法充分体现国民的实际收入和资源配置的效率等。不过，以GDP增长作为政绩考核重要指标的方式，还是为我们提供了判断一个地区，乃至整个国家经济状况是否健康的依据。我国未来政绩考核体系不是要简单的全盘否定以GDP作为主要考核指标的做法，而是要改变以往片面的以经济增长为依据的政绩观，需要引入其他指标，例如要通过引入其他诸如反映和衡量社会福利水平、政府治理能力、地方可持续发展状况的指标等，来完善GDP考核及发布方式，树立起统筹协调的科学发展观和政绩观。

对各级地方政府而言，全方位、多层次的竞争是政府间竞争的主要特点，它涉及地方经济社会发展的各个方面。县域经济竞争的一个基本点就是经济考评体系，地方政府的主要工作都是围绕这个目标进行的，考评中所有的指标都是地方政府官员们优先考虑的内容，例如GDP、财政收入以及其他一些基本的经济社会的发展指标。在竞争过程中，这些东西一般都是县级政府官员特别关注的。无论如何，我国政府官员政绩考核体系的设计绕不开政府治理公共事务中自利性与公益性的平衡与结合问题，即将衡量公共事务治理水平的公益性指标与行政官员个体利益的自利性指标结合起来。

---

① 重奖重惩可分为自为式重奖重惩与他为式重奖重惩，这两种不同的奖惩方式对地方官员的激励效果肯定不同。

(二) 经济体制：权力与资本的融合

我国 1994 年进行的分税制改革，不仅赋予了地方政府一定的经济自主权（政策制定权与执行权等非经济立法权），而且使地方政府拥有了相当大的行政决策权。这种情况下经济与行政权力分离，使地方政府拥有了比以往更大的行动空间，为地方政府之间展开以经济发展为中心的竞争提供了条件。

地方分权导致了政府间竞争关系，中央集权又歪曲了该机制，这就导致了分权制度难以发挥功效。首先，这种政府与政府的竞争可以促进地方政府提供更优质的公共产品，但是集权之下，地方政府只有非常少的政策工具。这就导致他们只能扩大财政支出，直接插手经济。如果地方政府收入远高于支出，就自然会寻找制度外收入，直接导致地方住民要缴纳更多费用，使得人民群众不满。

其次，地方经济贫乏的地区以及欠发达地区，很少有可以投入到地方公共基础设施建设等方面的资金，上级政府在集权体制下有监督权，这种监督权会因为信息不对称而失效，可能导致官员腐败，资金运用效率低下。

最后，刚才所述的问题带来的直观影响就是财政管理的越位与缺位并存。地方政府越位，承担过多经济职能直接影响公共物品提供，地方政府缺位则是难以给予地方财政收支有力监督。这些问题必须由地方财政支出管理体制的改革而改变。

分权有利也有弊，尤其集权下的分权更是如此。发达国家通过地方税收减免来吸引投资的方式不适合我国，政府只能投资环境建设或直接进行或干预企业活动。当下，随着权责明确、政企分开改革的不断推行，"红顶商人"和"官办企业"逐渐减少，但不等于政府真正退出了舞台，不过是方式的改变而已。地方政府可以通过拉贷款、参与企业重组等方式介入。

孙立平（2011）指出，所谓的中国模式，"就是权力和市场的结合，形成一种新的举国体制和特有的动员机制，最后形成所谓'集中力量干大事'

的发展模式",① "权力通过改革孕育了市场,然后将市场的因素打碎,再和权力融为一体重组起来,是这个体制最精妙的地方。这样一种新的体制,甚至比改革前的权力体制还要强大,因为改革前的权力体制只有权力这一种机制,但是现在它不仅有权力的机制,同时还有市场机制,也就是权力本身有了两种机制,能用权力时运用权力的机制,权力机制起不了作用时就用市场机制"。② 地方政府的财政收支活动之所以能够超过界限得到自主性的释放发挥,与这种权力与资本的融合不无关系。在当下,我国的经济体制可以概括为,政府主导的不完善的市场经济,地方政府的行为包括财政收支活动,正是在政府与市场的两极间进行游走,正如孙立平所说,"现在很多事情不完全是权力的机制,而是权力和市场的机制交替,甚至是混合在一起来使用,这样就使权力变得空前强大"。③ 这种权力的强大为地方经济的发展提供了强有力的支撑,使县级财政收支自主性得以最大程度地发挥,但不可否认的是,由于市场与政府二者间职能界定的模糊性,地方政府的行为选择正不断对行为边界产生冲击,在寻求更大自主性空间的过程中,一些超限违规的情况屡见不鲜。财政收支是地方政府最为主要的活动之一,只有将权力与资本适度分开,适时转变政府职能,让有形与无形的两只手在各自的领域内发挥作用,才能让财政收支活动在既定的底线内,既不有所束缚,又有发挥自身自主性的弹性空间。

(三)财政体制:中国式的财政分权

财政体制作为制度的一种,具备制度的一般特性。已有的政治学理论研究表明,中央与地方关系,实质就是中央与地方政府的利益以及权力的分配关系,地方财政收支活动虽然受制于中央与地方的政治和经济体制,但中央与地方的财政分配体制,却是最为直接决定地方财政收支活动的因素。现代财政学将各国的财政体制分为两类,即集权型和分权型。集权型主要存在于单一政体国家,分权型主要出现在联邦制国家。二者最大的区别是,在集权

---

①②③ 孙立平. 重启改革难在如何走出转型陷阱. 新浪网, http://blog.sina.com.

型国家财政权集中在中央。分权型的财政权分属中央和地方。一些历史比较短的国家，比如加拿大、美国等，在国家设立的历史过程中，其建国初期的政体分散程度非常高，随着经济的发展，国力不断增强，中央的统治地位也越来越稳固，因此中央集中政权和财权的程度也随之越来越高，地方的政治地位降低。而一些历史比较悠久的国家，比如英国、法国等，政治体制是从专制和集权走向适度的民主、分权。因此，从历史趋势上看，政治的发展总是从由极端的分权和集权走向适度的集权和分权结合。

我国目前的财政体制缺乏"用脚投票"与"用手投票"的机制，一些学者用"中国式财政分权"来描述我国的财政体制，以区别于西方的财政分权。在我国，学者钱颖一最初提出"中国式财政分权"这一概念，该提法被很多学者采纳并进行了全面的扩展。考虑到我国特殊的政治经济体制背景，有别于其他国家的分权形式，因此为财政分权冠上了"中国式"的前缀。该理论自提出以来，在各个国家的实践中均得到了验证，虽然不同国家的发展阶段不同，但是财政分权大多与政治上的联邦主义相伴，但是中国式的财政分权却是在以垂直管理体制为特征的政治集权和经济分权中逐步实施。根据学者的后续研究及补充，总结了中国式财政分权的主要特征：自上而下的供给主导型分权、政治集权与经济分权并存、居民对政府行为无法实现应有的约束和监督以及薄弱的法制基础。这种分权的主导者与其他国家不同，为中央政府，其最初的动机一般为缓解中央政府的财政压力。作为接受权力的地方政府，往往只有建议的权利，没有参与决定的权利。此外，非制度化和分权范围程度的不稳定性作为分权的两个特征，也表明了其过渡性质的特征，导致地方的机会主义盛行。

我国的县级政府的财政收支活动，正是在这种"中国式财政分权"的财政体制下逐步开展的。由于这种分权是由中央政府主导，在法律层面上的制度化分权的缺席下，地方政府在组织财政收入与安排财政支出中，势必有着巨大的不确定性和非规范性特征。一方面，是由于静态层面上的财政自主权的缺乏，制度上的自主空间极其狭小，如财权的不足，直接导致财力的缺乏；事权的冗繁，导致支出责任的扩大；转移支付制度的不完善，专项专款比重过高，导致县级政府可支配财力的比重较小等等，这些都为财政自主性的发挥设置了天然的门槛和边界。但另一方面，由于财政监督机制不健全，如游离于预算监督的预算外资金的存在；财政预算制度的不健全，导致财政收支透明度的不足和预算约束的弱化；财政支出机制的不合理，如政府采购制度的缺陷导致财政支出效率的低下；省级以下财政体制的不完善，如《中华人民共和国财政转移支付法》的缺位等等。这些财政体制内的各种相关法律和机制的缺乏，激发了县级政府寻求制度外利益的冲动，正是这种制度缝隙的存在，财政收支自主性的负效应才有所展现。

当下的财政体制是"一个中央政府行政思维的结果"。就像学者林尚立所说，"对地方进行财政控制的核心原理是：中央政府作为全国性的政府应该掌握国家财权的总体支配权，从而保证中央政府应有的权威和地位；为此中央政府应控制国家财政收入的大部分，并以此形成地方在财政上对中央的依赖和中央能有效地协调和指挥地方的政府间关系"。[①]

二、行动者分析

县级政府的财政收支活动，除了受到特定的政治体制、经济体制以及财政体制的影响外，也离不开参与到财政收支活动中的行动者，可以说，财政收支中的自主性，正是在各个行动者在特有的体制下，在特定的场域内，在不断的互动中博弈的结果。

（一）地方领导者

政府作为一个由具体人员组成的公共机构，其目标函数中又包含着大量的私人因素，从官员政绩方面看，有管理方便、政局稳定；从经济收益方面来看，有政府的租金及其官员的公共消费。[②] 地方官员追求的是政绩，追求

[①] 王春娟，焦雨生. 分税制后县财政的国家化探析 [J]. 当代经济，2007 (7): 44-45.
[②] 黄永炎，陈成才. 地方政府制度创新的行为探析 [J]. 探索，2001 (4): 54-57.

的是量而不是质,是能够被上级看到的政绩工程。所以他们乐于进行的是制度创新,但是这种制度创新却也在权力的垄断下沦为了寻租的工具。甚至城市的风貌会被领导的喜好、行政水平直接影响。

制定地方经济发展战略、政策是政府职能之一,也是地方领导作为区域代理人的主要角色。在很多情况下,地方官员不直接对地区经济发展成本负责,但是经济发展成为地方官员晋升的砝码,也因此而成为地方官员执行经济发展战略、政策的间接收益。这种个人收益与地区发展收益的紧密关联,使地方官员的逻辑简化为为了升迁,在与他人的竞争中处于不败之地而完成政绩指标,加快发展地方经济。从而割断了政策成本与地区经济发展成本的关系,其获得足够财力履行公共职能地方政府的目标函数可以概括为追求 GDP 最大化和财政收入最大化。

县委书记在目前的县级政府中是当之无愧的"一把手"。因此成为直面现实矛盾、推动地方发展的关键。反观正式的组织制度,县委书记应当对党内工作负责,是党内的最高领导者,县长才应当是政府的首脑。现实中,在各项规章制度里面,缺少对二者工作职责以及权限的明确划分,导致了权力边界存在很大的不确定性。

从地方政治权力的实践角度来说,县委书记手中有人事任免的法定权力,因此地位不容撼动,成为核心人物。这一点在 H 县也得到了充分印证。对于县委书记的独特身份及地位的描述和认知,很多人都形成了共识:县委书记决定了一个县的地位,是领跑提前还是落后到几十年都赶不上来。在全国的 2000 多个县中,县委书记作为政治构架上最重要的一环,起到了承上启下的重大职责,本应对全县的各项工作负责,但是由于考核指标的量化性等因素,以及上级考核党委、政府和主要领导的核心指标就是地方社会发展的经济目标的原因,其他工作全部成为经济工作的附属工作。在谈到县委书记在推动地方经济发展中的引领作用时,H 县城建局局长如是说:

"我们县有主攻工业领导小组、主攻城市建设领导小组,还有主攻新农村建设领导小组,这些小组有的组长是 W 书记亲自担任,有的由县长担任,每一年都要在年初安排好,责任领导责任人,并亲自督查。重大项目亲自调度,问得很宏观也很微观。比如说一些认为一点希望都没有的工业项目,他都拿下来了。我们城市建设方面，你每天路网完成多少米他都要过问，只要在县里他都亲自到现场。每天至少跟我通两次电话，早晚各一次。早晨电话比如说我这个项目 12 月 15 日完成，他问你还有多少天，还有多少米，晚上完成多少了要向他汇报，没完成的第二天要完成，就是这么细致，所以你压力就有了，包括哪块砖、哪块板没做好，他看到了，晚上的时候包括我们县长工作结束之后一有时间就到工地。这种精神，这种作风，所以说我们的压力非常大。

工业项目他也是一清二楚，企业引进来之前他要了解企业发展状况，例如税收能有多少，产品的销路在哪里，到这里对企业有什么好处。我们县里有很多大企业完全是被 W 书记的这种精神所感动的，他是外行说服你这个内行，到这里来之后你的发展前景在哪里，你的问题在哪里，怎么解决，人家听了之后非常钦佩。比如说，我们有各种各样的城市建设的工业的种类，他都清楚。城市建设做到什么程度达到什么样子，他都亲自过问。发展过程中不平衡的是我们的乡镇。就是这么忙，县委 W 书记基本是每个月都到乡镇，所有乡干部都过问一遍，乡镇怎么发展。过去乡镇真是一点变化也没有破破烂烂的。要没有 W 书记一点变化也看不到。你要搞乡镇企业，每年有什么、你做了什么都要给我看，搞城镇建设你有没有集资。你几年集镇上投入多少，做生意的有几十个，垃圾车有没有，老百姓的垃圾往哪放，他都要记录。

财源建设，你要引进几个项目，你的有财路，这个是要总结落实的，每年组织一次，组织四大家领导和相关部门到下面去。相互比大家打分排出一二三来，所以说乡镇我们这几年变化很大。我们现在的每个集镇看上去都像过去的小县城，做的很好。国土部下来说没想到 H 县有这么好的乡镇建设。道路绿化路灯人行道每个乡镇都有一个小的环卫所。所以我认为这个和领导的工作有很大关系。干部还是原来的干部，关键的是要把干部的积极性调动起来，干部要有明确的目标和明确的压力。"

从此我们可以看出，地方政府在财政收入的组织上，地方领导的带动作用不容小觑，即使在同样的体制和场域内，不同的领导人风格也会呈现出不同的治理风格，也在一定程度上影响着财政自主性的发挥。

在财政资金的安排上，地方领导人的偏好选择也是最为重要的因素，占有相当大的权重。访谈中，H县财政局某局长就对财政部门有这样的定位：

那要是讲大话，就是对党和人民负责，讲小话，就是对书记县长负责，对县委县政府负责。实际上应该是对纳税人负责。管好纳税人的钱，对党和人民负责，做好县委县政府的参谋。但我们实际上就是个出纳的角色，我们要做好书记和县长的管家，我们可以向上提议，这个钱要往哪个方向用，但是最终决定权不在我们。

可见，在财政资金最终的安排上，地方领导人有着相当大的决策权，作为理性经济人，其行为选择必然是在对自身利益有所考量的情况下做出的。

（二）公众

对于地方民众而言，其最大的诉求莫过于在利益损失最小化的前提下，能够最大限度地享有自身的合法权益，即在辖区内获得公共产品与公共服务的最大化。同时，作为另一种制衡手段，用手投票也是有效抑制政府失灵的机制之一。

纳税人拥有的投票权，无论是用手投票还是用脚投票，如果受到了侵犯或者丧失，必然会失去对政府代理人的有效监督。按照经济学中最基本的委托代理理论，这种信息不对称情况下的代理成本会很高，在居民有效行使权利的情况下，地方政府可以最有效地供给公共品。由此可见，目前出现的这种地方政府对于公共品供给不足的情况，主要原因是集权与分权体制之间的冲突。在集权制下的纳税人没有投票权，不能对政府及其官员实行有效的监督和控制，加上用脚投票机制的缺失，最终导致公共品的供给效率及质量低下。政府的财政收支活动是实现政府职能，为公众提供公共产品的实现途径。由于公众在现有的政治安排下，面临参与上的不足和困境。因此，县级政府的财政收支活动往往由于公众参与的缺位，而增大了随意性和自主性，尤其在地方事务的支出排序上，用于满足公众需求的公共产品的提供略有不足，其根本原因也是在于"对下负责"这一机制的缺失，公众出现集体失语。随着信息技术的发展，以微博为代表的网络自媒体时代，为公众表达利益诉求提供了新的平台,接下来,一些制度上的具有稳定性的参与渠道应该被更多地开发出来,在政府加强内部监督的同时,引入公众、社会和媒体的监督和参与,从而形成自下而上的渗透式的参与机制,推动政府行为的公开化和程序化,赋予公众对政府预算的参与权和知情权,优化政府决策。在对重大项目决策时,要广泛征求群众意见,要通过政务公开,建立公众评价政府工作机制等,把群众"赞成不赞成、拥护不拥护、满意不满意"作为评判的标准。① 这样才能有效防止政府财政收支行为的随意性,将权力关进制度的笼子里。

(三) 全国人民代表大会

《中华人民共和国宪法》和《中华人民共和国地方各级人民代表大会和地方各级人民政府组织法》规定,全国人民代表大会是国家的最高权力机关,依法具有对地方重大事项的决策权。但是在实践中,往往以县委书记为核心形成一个新的权力边界,该权力边界与人大的权力边界交叉,导致党委、政府、人大、政协权力边界存在一定的不确定性,人大和政协在"发展经济"的实质合理性的大前提下,往往成了摆设。虽然,各个地方政府的人大机关的监督作用正在日益加强,对财政预算决算的审议内容也在不断增加,但由于人大主体地位的相对独立性有所欠缺,使其主观上依附于体制导致监督缺位,客观上因预算审议时间的相对不足,造成大人对地方政府的财政收支预算很难实现有效监督。县级财政主要负责对象是上级政府,虽然每年必须向县级人大做政府财政报告,但由于大会的时间有限,财政报告的透明度不高,加之人大代表的审议能力有限等原因,因此,即使有相关的法律制度在形式上有所要求,人大实质上的财政审查监督权也是非常受限的。在 H 县,人大监督的局限也同样如此:

人大更多的是职能,财政预算啊,任免人事啊,这些职能他们还是在

---

① 马玮."形象工程""政绩工程"的成因及治理对策 [J]. 徐州教育学院学报,2004 (3):1-3.

做。有些地方的党委书记兼任人大主任，这个很明显就是说人大首先是要为党委服务的，人大在这种情况下做出的决定肯定是受限的，你说，如果书记兼任人大主任的时候，党委定的班子，人大能不能通过？

实际上，人大里面也有一些专业人士，但是法律法规没有要求他那么做，比如说农业支出这一块，要细化到什么程度，公务员的预算要细化到什么程度，是不是上面有这个预算法有这个要求啊，预算法如果没有这个要求，他就按照过去的模式做，比如说审议财政报告的时候，他就说你这个财政报告太粗了，要搞得细一点，但是人家都这么做，你审议的时候是过还是不过？当然，现在比起以前已经有所改进了，以前是更粗糙一些，现在较之从前细了一些，但实质上没啥大改变。而且也不只是县级是这样。

由此可见，人大监督职能履行的不到位，也是县级政府财政收支自主性扩张的重要因素之一。于建嵘（2010）曾经建议将人大代表专职化，提出以县级政府直选为政治体制改革的突破口，认为"通过县人大代表的职业化，可以实现人大'去官僚化'的特征，并进而保持政府现有政策、人事的稳定性，实现县政赋权的稳定过渡。同时，实现人大代表职业化有利于提高人大代表的业务素质，更好地履行人大的职责"，[①] 这为未来的县政改革提供了一种新的思路。

（四）政府官员

自1978年我国实行改革开放，建立了社会主义市场经济体制后，这个过程中市场理念、个体意识、利益驱动三者逐渐渗透到个人与公共管理部门。这些观念的渗透为政府部门行政官员的执政理念带来了深刻的影响，不同于革命时代及政治运动年代，他们不再将政治信仰、精神寄托当做自己的唯一追求。目前中国政府不同机构的政治化程度不尽相同，但是多数政府官员更趋向于在治理公共事务的过程中，寻求个人利益及公共利益的平衡，使二者得到双重实现。在个人利益与公共利益不相同的情形下，行政官员就会

---

① 于建嵘. 县政改革中的人大代表职业化 [J]. 江苏行政学院学报，2010 (5)：84-89.

面临在公益性与自利性、上级指示与本级政府利益之间进行选择的问题。

在政府监管的过程中，职位越高的行政官员越会更强烈地感受到由利益冲突带来的困惑，这说明政府及其工作部门的行政领导职位是映射多重利益的交汇点，换言之，政府官员无时无刻不处在一张利益网的包围下。不管他们是否意识到此网存在，政府官员们在实施管理及制定决策的过程中，总是要在不同时空对多重利益进行判断、分析、比较、评价，在平衡各方利益的基础上作出选择并付诸行动，自然而然的利益就成为了行为基础。

不得不承认，政府利益和个人利益因利益驱动和利益天然取向的缘故，具有自动扩张的性质。在利益失范的情况下，极端的政府利益扩张，会让政府凌驾于社会之上，极端的个人利益扩张也会让个人凌驾于政府或社会之上，从而使政府或个人利益优先于公共利益，且不受公共利益的约束。在财政收支活动中，这种政府与个人利益表现得更为显性化，公众利益是在实现上述两者利益的基础上才考虑的事情。通过前面对 H 县财政收支策略的分析中我们看到，一些失范的旨在扩大财政自主性的努力，正是这些利益得以实现的具体表现。

行政官员的激励由基本激励和非基本激励两部分组成。基本激励是指工资、各种劳动保险和福利等，它与行政官员的行政级别正相关；非基本激励则是基本激励的延伸，包括物质奖励、加薪、授予荣誉或政治升迁等。[①] 政府官员在行政体制中，按照所在部门的管理职能及所处官阶，被赋予了不同的管理权限，并且官员的行政级别越高，其拥有的职权就越大，权利的收益也就越大。这种收益除了基本激励，即货币形态的收益提高外，非货币形态的收益也不断提高，具体表现为更高层次心理需求的满足，更多的显性和隐性福利待遇，以及更强的反监督能力等。因此，对于具有经济人特性的各级政府行政官员来说，在我国当前的政治体制中，追求政治控制权收益最大化，即极力寻求政治升迁，成为当今政府官员的最大目标，而政治升迁也成为对行政官员最大的激励。北大学者周黎安认为，我国各级政府，无论省、市、县还是乡镇，处于同一行政级别的官员，均置身于政治晋升博弈之中，

---

① 郭志鹏. 激励与约束：中国地方政府经济行为研究 [D]. 上海社会科学院博士论文，2006.

或者说都在参加一场"政治锦标赛"。但是,由于稳定政权结构所呈现的金字塔形态,行政级别越高的岗位,数量越有限,对于大多数行政官员来说,升迁竞争非常激烈。因此,对于大多数客观上缺乏晋升条件或主观上预期无法继续升迁,却又承担重大社会服务与管理责任的政府行政官员来说,由于得不到与其负责工作所面临巨大风险相匹配的激励,无形中使行政官员形成了"干多干少都一样"的平均主义思想,抑或"做一天和尚,撞一天钟"的庸俗主义思想。因此,官员激励的有效性是政府治理结构亟待完善的部分。

若判断必须赋予公共管理者一定的自由裁量权,那么必须对其施以相应的责任要求。实际上,自由与责任是紧密相连的,如同权利与义务,被赋予的权利越大,则需承担的义务越多。正如恩格斯所言:"一切自由的首要条件:一切公务人员在自己的一切职务活动方面都……向每一个公民负责"。[①]哈耶克也认为,"自由不仅意味着个人拥有选择的机会并承受选择的重负,而且还意味着他必须承担其行动的后果,接受对其行动的赞扬或谴责"。[②]在政府的治理过程中,行政官员对一件事情的自主支配权与自由裁量权是其担负责任的基础,拥有的自由裁量权越大,其担负的责任就相应越大,如若决策失误则受到的惩罚产生的后果也就相应越严重。[③] 换而言之,自由裁量权的行使并不是意味着行政官员可以独断专行或恣意妄为。恰恰相反,自由裁量权意味着承诺与责任,他要求政府行政官员作为公共服务的提供者、公共事务的管理者,制定与实施公共政策时,必须以维护公民的合法权益为基础,以提供良好的公共服务为目标,以维护社会公平、增加社会福利为准绳。

首先必须强调问责制。所谓问责,是指通过设计一整套合理的制度体系,根据"权责对等"的原则,由上级组织或公众对行政官员的社会活动决策产生的后果进行评价与跟踪。在公共管理实践中,只有建立起科学合理

[①] 马克思,恩格斯. 马克思恩格斯选集(第3卷)[C]. 北京:人民出版社,1972:30.
[②] [英]哈耶克著. 自由秩序原理(上)[M]. 邓正来译. 北京:三联书店,1997:83.
[③] 李韬,王佳. 自主性、裁量权与公共管理者的责任[J]. 中国行政管理,2010(10):57-60.

的问责机制，才能防范行政官员误用或滥用自由裁量权，才能有效规避行政官员对自身利益的追求，从而真正地维护公共利益及公民权益，保证社会的良性运转。[①]

关于问责的积极意义，美国学者艾克曼曾以政府采购为例说："同问责程度低的政治体制相比，比较透明、问责程度较高的体制能够赋予采购官员更大的自主决定权，却不会导致腐败的增加"。[②] 以我国国情看，近年来政治生活的民主公开程度不断提高，问责力度逐年增大。但被问责的对象多数为在矿难、火灾等重特大事故中失职的官员，对行政官员滥用职权、盲目决策，造成社会、经济重大损失的却缺乏问责；且当前的问责主要是行政机关上下级间的同体问责，异体问责较少。除此之外，目前的问责机制注重的仅仅是追究行政责任，而对责任人应承担的法律责任则较少追究。这些问题的存在，客观显示出我国问责机制仍有许多有待完善的地方。对此，我们要加紧制定相关法律法规，规范问责操作流程，在实践中不断建立、完善符合我国国情的问责机制，更好地规范行政官员行使自由裁量权。

三、场域分析

樊红敏（2008）指出，"中国的政治转型以及财政体制改革的过程其实表现为现代性的政治文本与乡土性的地方场域对接的过程。就是现代性的政治文本在有着地方性的文化、历史、传统的特定场域中具体展开的过程。"[③] 秉承这一思路，县级财政收支活动也是在"县域"这一特定的场域内进行的，其自主性程度正是场域内各种因素共同作用的结果，有着场域特有的印记。

[①] 李韬，王佳. 自主性、裁量权与公共管理者的责任 [J]. 中国行政管理，2010（10）：57-60.
[②] [美] 苏珊·罗斯·艾克曼著. 腐败与政府 [M]. 王江等译. 北京：新华出版社，2000：79.
[③] 樊红敏. 县域政治——权力实践与日常秩序 [M]. 北京：中国社会科学出版社，2008.

（一）剧场政治：转型中的县域生态

社会就如同一个大舞台，生活在其中的每个人都是舞台中的演员，要扮演为数众多的不同角色，政治也因为它的公共性和表演性特征，形成了具有"前台表演"和"后台运作"特征的政治剧场。在县域治理场域中，这种剧场政治的具体表现就是文本与实践的二元性。有学者将这种二元性定义为，"县级政治制度、规则与实际运作的距离，已有的制度规则或者被超越，或者以另外一种方式被实践，或者仅仅具有形式化的作用"。[①] 在县级政治运作的过程中，通常存在两种权力，一种为形式性权力，这是县政实施的背景和框架，往往是静态的、稳定的、规范的。在财政收支活动中，这种形式性权力表现为财权事权的划分等制度框架内的权力。另一种为实质性权力，它是场域内各种不同权力形式的组合。布尔迪厄的场域理论中，将这些不同的权力形式统称为"资本"，具体包括"文化资本、政治资本、关系资本、体制资本等"。这些不同形式的权力形式反映了县级政治在转型中呈现出的独有特质，"它既有不断理性化的一面，如文化资本与政治资本对个人政绩与个人素质的强调；也有传统的一面，如关系资本对特殊关系网络如血缘、地缘或者是业缘的重要作用；同时也有前计划经济体制的惯性作用。"在财政收支活动中，一些自主性的超常规实现，也多是来源于这种实质性权力。值得一提的是，形式性权力与实质性权力的整合度很低，二者并非完全重叠。在H县的财政收入的组织过程中，其形式性权力较小，其财政收入的独立性相对不足，对上级依赖较为明显，大量的转移支付就是证明。但在实质性权力上，H县通过向上向下两个维度上的努力，做大了财政收入的盘子，充分发挥了自主能动性，在一定程度上，弥补了形式性权力的不足。在财政支出的安排上，形式性权力虽然在名义上较大，但在具体实践中，却受到来自正式与非正式制度因素的制约，财政硬支出就是制约下的结果。

[①] 樊红敏.县域政治——权力实践与日常秩序[M].北京：中国社会科学出版社，2008.

费孝通在分析中国传统社会的结构时，提出了"双轨政治"[①]这一概念。他指出，传统中国社会的治理是通过两条平行的轨道进行的：一条是自上而下的中央集权的专制体制的轨道，它以皇帝（君主）为中心建立起一整套的官僚体系，由官员与知识分子来实施具体的治理，最后可以到达县这一层（"皇权不下县"）；另一条是基层组织自治的民主体制的轨道，它由乡绅等乡村精英进行治理，绅士阶层是乡村社会的实际"统治阶级"，而宗族是士绅进行乡村治理的组织基础。[②]在"双轨政治"形态下，县级政权得以合法并有效的维持，县级政治的运作也呈现出两个不同的维度，一个是以理性化、形式化为特征的科层化运作，另一个则是以隐藏性、非正式性为特征的关系运作。在县级日常的政治活动包括财政活动中，一直存在两种不同的行为规范：一种是以公开的文本为准则，这是县域政治运行中，各个行动者所遵循的正式制度中规定的行为模式；另一种是以隐藏文本为导向，是各个行动者真正实践的，在正式制度中没有但却在幕后起到作用的行为模式。这两种不同的行为规范体现出县域政治运行是另一种意义上的双轨模式。

县级政府的财政收支活动就是在这样一种场域内完成并实现的。在形式性权力与实质性权力之间选择游走，在公开文本与隐藏文本间相机抉择。县级政府的这种政治生态场域，为财政收支自主性的发挥提供了大的背景舞台，它就像一个巨大的磁场，行动者一旦进入，就沉浸其中并按照既定的行为模式从事相关的活动，这是我国转型期县域政治的独有景象，是在制度与行动者的互动过程中所固化下来的特有情境。这种仪式化的"前台表演"与实质化的"后台行为"为地方政府的行为逻辑提供了一种新的解释框架。

（二）一体化治理：县域政治的运作

前面提到，县级政府的政治运行是在科层结构下实践的，这种科层结构

---

① "双轨政治"的概念借用了费孝通对中国传统社会的分析结构。费孝通. 基层行政的僵化——再论双轨政治 [M].// 乡土重建. 上海书店，1948：43-64.

② 黄杰. "双轨政治"：对当代中国政治形态的一种尝试性解释 [J]. 太平洋学报，2011 (5)：1-9. 费孝通. 乡土中国 [M]. 上海人民出版社，2007：275-293.

为县域政府的权力实践提供了形式上的运作模式,即通过科层结构的分化,实现政府不同的职能。但在实践中,县域政府权力实践与职能运行的实现,却具有较为明显的一体化治理特征。在地方领导人绝对权威的影响下,既有的政治结构被打碎并重构,在"全党抓经济"这一具有合理性政治策略的导向下,一些"领导小组""指挥部"的成立,使得县级政府进行各项活动的运作空间得以重塑和重组。县委书记这一县域内最大领导成为地方经济发展的带头人与发言人,财政收支也在这种重组中发生了变化,收支活动中的各个行动者,失去了本该有的立场和职责,在这种一体化治理架构下,县级政府的治理呈现出自上而下的、集权的、无所不包、无所不能的运作结构,相互制衡和结构分化的科层结构未能发挥其真正作用,取而代之的是一元化、整体化的治理架构,科层制运作被扭曲异化。在地方党委领导下的人大、政府、政协这三个拥有各自职责的政治主体中心也因为一体化治理而高度重叠,政府内部的各个部门之间,也因为这种一体化治理而出现监督缺位和乏力。在形式合理性和实质合理性之间,县级政府及政府官员都在实质合理性的庇护下,实现了自主性的扩张。

就其本质,一体化治理模式反映出我国当下县政运作的结构性矛盾,即集权的治理架构,这种一体化治理在一定时期的特殊阶段内,确实起到了不可替代的作用,但其局限性也不可忽视。正如韦伯所说,人民对权威的服从,并不是源于对某一个权威个人的服从,而是一套抽象的制度规则和程序,法治的主旨要义就在于此。

可见,双轨政治运作的出现,反映出县政在运作过程中的形式理性化的缺失与不足。那么从体制上树立法律的权威,已成当务之急,从一体化治理走向法治的分化治理是未来县政改革的关键所在。建立向地方人民负责的责任型政府,地方政府才能从想方设法让上级"看到"的成果激励活动中解脱出来。县政改革应着眼于已有制度的可操控性及实践性,县级人民代表直接选举以及县政领导政治授权的制度性安排为未来政治发展提供了制度性空间,县级人民代表大会的运作从形式化走向实体化,是现代国家建构中地方政治走向理性的法制化的分化治理的重要一步。而县级人民代表的专职化改革也许会成为更好地实施人民代表大会制度的一条有效途径。

（三）地缘网络建构：非正式结构的正式化

所谓的地缘关系网络，就是人们以共同的地域为认同对象，而不断发展巩固编织起来的关系网络。[①] 相对而言，县在地缘关系网络中被人们认知的程度最高，将其定义成"家乡"，县亦是一个整合度相对高的地域空间，地方社会人们的生活圈遍布整个县级。地方行政官员在跑资金、跑项目方面充分利用"家乡"的地缘性建构起一个有效的关系网络，这种关系网络在分配机会和资源时起到了至关重要的作用。省厅一些部门拥有一些项目的准入审批权，各个市县就开始了争夺项目和资金的比赛，整个过程中，细节的把握和感情的投资显得尤为重要，有时也会变成项目最终成功的关键因素。拿项目要资金，有时候就是跑关系走人情的过程，很多项目和资金也都是依靠关系是否存在。这种评价体系的特点是，项目直接跟着关系走，整个社会是个关系社会，中国人的行为选择和心理结构大都受到关系社会的影响。

所谓非正式结构的正式化，关系运作需要时间上的连续性，中国人的各种节日为维持这种时间上的连续提供了很好的契机，如节日时探访馈赠、礼尚往来等一系列传统习俗。又比如各地的同乡联谊会，每年县里领导都会带着相关人员到北京、省里看望同乡，并举办一些诸如联谊会、老乡会等多种形式的活动，来加强与在外地任职的上级同乡的亲密联系。这种非正式结构的正式化为县级政府的财政收支提供了极大的活动背景，前文中所提到的县级政府通过到上级部门跑项目跑资金，虽然是在制度和组织提供的程序和形式下进行的，但谈及真正决定获取资源的主要因素时，是地缘关系网络的作用要大于正式的制度关系和组织关系。获致性的现代社会关系，只是提供了正式往来的形式，如契约关系、正式组织关系，而这些人的信任结构，具有一定的文化合理性，是在一定非正式关系网络的基础上建立起来的。非正式关系的种类有很多，包括亲缘关系、学缘关系、地缘以及业缘关系等，在这

[①] 樊红敏. 双轨政治：关系与县域政治运作——河南省 H 市观察 [J]. 甘肃理论学刊，2008（4）：21-26.

些不同的非正式关系中,地缘关系具有相对大的整合作用,在地缘关系的影响下,县级政府的活动包括财政收支活动体现出下列特征:

第一,公共关系与私人关系的兼容性。县级政治中的关系运作,很难界定是纯粹的公共领域或是私人领域的事情,更多的是兼有二者的性质,公共关系和私人关系在互动中相互转化融合,很难有明确的边界加以界定。

第二,理性与人情的平衡性。规则性是政府政治运作的主要特点,作为政治管理模式的现代科层制度便体现出严格的规则性以及非人格性的特征,官员的服从也是基于抽象的规则制度的服从。它所要求的是在理性判断的基础上,即以各种制度规范为准绳,强调对事不对人的办事原则。① 人情原则有三个基本特征:一是将建构和维护社会关系视为其实现个人目标或公共目标的工具,所以,在进行政府管理包括财政收支在内的活动时,地方领导以及政府内部公务人员,更倾向于自身关系网络的构建,而非公共利益的维护,在实现自身效用函数最大化的前提下,计算成本得失,以做出策略选择。二是人情原则还体现在对促进关系的维护上面。有时候,一些地方官员为了遵循这一原则,可能将维护关系视为自身潜在的责任,为了实现大我利益,可能做出暂时让步牺牲小我,这在短期内可能是非理性的表现,但就长期发展而言,确实是对人情与理性权衡之后的理性选择。三是这种关系网络具有特殊主义的特性,即如果某个人在现有的关系体系中占有重要的位置,那么地方行政官员或干部们对待其的方式更特殊,同时交往的意愿更加强烈。

第三,庇护关系与地方派系的共生性。在县级科层体制中,领导和下属之间的关系往往带有很强的特殊性及个人效忠的成分。上级和下级之间、下级和上级之间最终会建立起一种非正式的兼有情感、利益、地缘或业缘种种因素的特殊私人关系。"非正式的庇护关系网对于地方干部的权力基础具有极端的重要性,因为对他们的评判与他们是否在上层具有这种关系网有很大的关系,更不用说他们的晋升提拔"。这种派系结构,"是一种建立在人际

---

① 樊红敏. 双轨政治:关系与县域政治运作——河南省 H 市观察 [J]. 甘肃理论学刊,2008(4):21-26.

第五章 财政收支自主性的 SAF 分析

交往之上的纵向关系网络，它以单位内某一级别的某个官员为枢纽，呈分散状延伸出去，而在同一级别内，竞争使官员往往组合成几个分裂的单位"，这种分裂的单位形成的关系网络就被成为派系。[①]

最后，借用费孝通在《江村经济——中国农民的生活》一书中的一段话："诚然，个案研究有其自身的局限性，对一个小的社会单位进行深入研究而得出的结论并不一定适用于其他单位；但是，这样的结论却可以用作假设，也可以作为其他地方进行调查时的比较材料"，希望本书能够为研究县级政府财政行为提供一定的借鉴。

---

① 樊红敏. 双轨政治：关系与县域政治运作——河南省 H 市观察 [J]. 甘肃理论学刊，2008 (4)：21－26.

结论与讨论

本书以经验研究为取向,以"在现行的政治行政以及财政体制下,我国县级政府在财政收支过程中的自主决策、自我组织和安排的自主性程度如何?为什么会形成这种状况?"为研究问题,运用财政分权理论及公共选择理论,以 H 县的财政收支活动为研究对象,分析了 H 县在制度内与实质性权力的影响下,其组织财政收入和安排财政支出过程中的独立性,通过对 H 县财政收支策略的描述,分析 H 县财政收支中的能动性表现,最后运用 SAF 框架,对财政收支中的自主性动因进行剖析解释,分析收支活动中受到的激励与约束,为研究地方政府财政行为提供了新的分析框架。

一、主要结论

本书的研究结论主要体现在:

1. 在现有体制的约束和激励下,县级政府在组织财政收入活动中的逻辑是"做大盘子",在这一逻辑的驱使下,县级政府在组织财政收入中的自主性呈现出双重特征,其一,在法定的收入自主权上,县级政府的自主性不足,对上级政府依附较强,转移支付比重的不断加大就充分说明了这一点;其二,在实质性权力的促使下,县级政府开始了积极寻求制度外财政收入的探索和实践。通过对上和对下两个途径,实现了财政收入规模的扩大,通过各项策略的运用,充分地发挥自身能动性,自主性在现存制度的真空缝隙中得以最大程度实现,虽在一定程度上弥补了收入自主权的不足,但这种在行为边界游走并在各种违规中实现的地方利益，若不加以控制约束，容易造成腐败、重复建设等一系列问题，程序的非合理性与实质合理性并存，造成自主性的肆虐扩张。

2. 与财政收入的组织一样，H 县的财政支出的自主性也呈现出看似矛盾的双重特征。在制度内，H 县对于财政支出安排有着形式上的自主性，但由于受到财政分权以及人事组织制度等因素的制约，这部分自主性在实践中有所缩水，也因此形成了财政支出结构上的软－硬二元化特征。在财政硬支出的安排上，作为理性的行动者，H 县出于政治考量的要求，将财政资金首先应用在上级政府乐于看到的领域，同时，为了实现预算最大化，采取基数加增长的策略实现行政支出的扩张。这种硬支出虽然一定程度上体现了上级的政治意志，提升了民生领域投入，同时保证了政府机构的正常运转，但由于资金安排上的路径依赖以及决策上自主性的缺乏，容易造成财政资金的低效率使用以及对其他公共产品提供的挤压。在财政软支出的安排上，由于属于可自由支配的资金，H 县的自主性较大，在支出裁量以及核心事务的发展排序上，体现出较为明显的自主特征。在支出形式上，H 县同样通过灵活变通，通过与制度打"擦边球"的方式，实现了财政支出上的自主安排，由于相关制度约束的软化，财政自主性多呈现出非规范性的特征。

3. 制度与主体之间是相互关联的，若无主体的相互建构，分权制度也不能凭空产生。目前我国的财政分权并未实现财政权力的真正下放，具有政治集权体制内的行政性放权性质。纸面分权与事实分权存在巨大鸿沟，由于纸面分权的相对不足，导致事实分权在地方政府追求自主性的过程中或得到释放，或受到压制。地方自主性的存在有其必然性和必要性，财政收支自主性的扩张正是上下级政府内部存在制度化缝隙的结果，这些缝隙为下级政府扩展自主性空间提供了条件。地方政府自身的行动能力决定了其自主性空间的大小，通常，地方经济实力越强，地方政府同上级政府的讨价还价的资本就越雄厚，地方政府领导在权力体系中的"社会资本"越丰富，同上级政府行政博弈的水平越高，地方政府实际可能获得的自主性空间就越大。地方领导人也对地方自主性空间大小存在一定影响，即使在同样的制度约束条件下，在不同的地方领导人的运作下，自主性空间会呈现出不同的态势。

4. 县级财政收支自主性有其深刻的制度根源，我国现行的政治经济制度尚不完善，理性化、程序化与透明化程度还不高，因此地方政府面临的事实上是一系列"软制度"，这些"软制度"的存在使地方政府在行为选择上受到的约束有限。在既有制度约束、社会约束、问责约束以及其他约束中，如果制度约束不被强化，地方政府行为的行动空间将非常大。"中国式分权的治理模式对中国地方政府扩张偏向的财政政策的影响程度取决于地方政府面临的制度约束的程度。制度约束越强，中国式分权的治理模式对中国地方政府扩张偏向的财政政策的影响程度越弱。反之，则会变强"。[①] 这样，在软制度约束下，中国式财政分权及其带来的府际竞争必然会催生地方政府的扩张性财政政策。因此，中国的财政体制改革必须伴随着政治体制和经济体制改革同步进行，否则，地方政府财政收支的优化不会从根本上得以实现。

5. 在财政收支活动中，地方领导者、公众、人大以及政府官员等行动者也是决定其自主性的重要因素，他们作为处于利益之网中的个人和机构，天然的具有理性经济人的特质，如何将他们的自身利益与部门利益、公共利益相统一，积极引导这种自主裁量向着良性方向发展，如何设计出好的激励机制与约束机制，也是优化财政收支，提供财政支出效率的关键所在。

6. 场域作为财政收支活动提供了特定的情境，县级政治的运行模式直接影响着财政收支自主性的发挥，在一体化治理的模式下，财政收支作为县级政府职能实现的重要手段，受到场域因素的深刻影响。剧场政治中，文本与实践的二元化奠定了财政收支活动的基调，一体化治理架构为财政收支自主性提供了条件，地缘网络下的非正式结构的正式化为财政收支自主性的实现提供了另一个渠道。由此可见，财政收支活动是嵌入在县域治理场域中发生的，并不仅仅是财政体制在县级政府财政治理中的外在表现。

---

① 方红生，张军. 中国地方政府扩张偏向的财政行为：观察与解释［J］. 经济学（季刊），2009（3）.

二、进一步讨论

1. 地方政府自主性的悖论

地方政府的行为是在一定的弹性空间内进行选择的,其自主性也呈现出不断扩张的态势。这种自主性的扩张具有双重性质,一方面,地方政府可以通过扩张行为自主性,充分抓住机遇,结合自身比较优势,因地制宜的发展经济,推进本地市场体系的发育,起到积极的创新性作用。另一方面,这种自主性的扩张也会导致对市场和社会的干预过大,不仅限制了各个要素之间的流动,同时也容易出现为了追求短期政绩最大化而超限攫取地方资源的冲动。这种自主性的扩张,使得政府这双有形之手,既可能成为"扶持之手",又可能成为"无形之手"甚至"掠夺之手"。[①] 地方政府自主性的扩张是一把双刃剑,发挥得当,便可调动起地方政府体制创新的积极性,一些地方经济在改革开放以后迅速的发展和体制创新大都是来自这种自主性的充分释放,在这种自主性创造行为的推动下,举国出现了很多具有代表性的体制创新模式,为宏观制度的变迁发展提供了经验支撑。同时,这种自主性也有着自身的负效应,自主性扩张意味着行为空间的扩张和行为边界的模糊,这直接导致地方政府职能范围的不确定性和模糊性,为地方政府依据自身利益而做出策略选择提供了条件,为了满足地方的主观偏好,对于中央和上级部门的政策法律,地方政府采取了选择性执行的策略,一些地方政府更是为了追求 GDP 而忽视公共产品的供给,宏观调控政策在地方利益的凸显下屡遭失效,在自主性日益膨胀的作用下,有些地方政府不能很好地执行中央政策。那么,对于地方自主性这个矛盾的两面体,如何做到既发挥其积极一面,又能抑制其消极一面,是我们值得思考的现实课题。对于地方政府而言,对行为自主性的扩张有着无限的冲动,唯有给这种冲动用约束机制加以

---

① 何显明. 市场化进程中的地方政府行为自主性研究 [D]. 复旦大学博士论文, 2007.

控制和监督，构建行之有效的激励和约束机制，才能对地方政府的行为进行有效的控制。只有深化政治经济体制改革，继续完善财政体制以及行政分权改革，完善监督机制和问责机制，明确政府间职能分工，减少政府间博弈空间，在公共权威层面从体制内外两个维度构建权力制衡机制，才能既保持地方政府的创新动力，又免于陷入行为失范的境地。

2. 建立健全符合市场经济规律的公共财政体制

一个国家的财政体制取决于多种因素，既受本国社会制度、政治形态以及经济环境的制约，又受本国文化传统、历史沿革的影响。不同国家，抑或是同一国家的不同时期，其财政体制均是存在差异且不断发展变化的。这种变化源自客观情况的不断变化。因此，如何制定一套既符合当前社会经济客观现实，又符合经济发展规律，有利于调动、协调社会资源，发展生产力，且能不断完善的财政体制，便成为各个国家均十分关注的重大理论问题和必须面对的现实问题。当前，我国正处于社会主义市场经济转轨时期，财政体制若想更好地为经济发展服务，则改革势在必行。自1978年我国开始实施改革开放政策，经过20年的不断研究和反复摸索，1998年底中央最终正式确定财政体制改革的目标模式为建立公共财政。那么根据我国的具体国情，在吸收借鉴他国既有成功经验的基础上，尽快建立适应我国社会主义市场经济要求的公共财政基本框架，就必须切实做好以下几点：

（1）事权划分明确

首先，必须在以下四个层次上做到事权明确。具体来说：第一层次为政府事权与市场事权。市场机制有效的领域，政府就应当退出；市场机制失效，则需要政府积极介入，充分发挥宏观调控作用。这是公共财政最基本的准则。第二层次为中央事权和地方事权。近代西方财政理论认为，中央政府提供的应是全国均可受益的公共产品，地方政府则提供主要由地方受益的公共产品，根据提供公共产品的不同层次划分中央政府与地方政府的职责范围和事权界限。但在现实中，由于公共产品供给后，受益往往是多重并交叉的，仅借此准确划分中央与地方事权较为困难。因此，还需在考虑政治形态、经济体制、历史沿革以及现行财政体制等因素的基础上确定双方事权。

第三层次为各级地方间的事权。在我国现行的行政管理体系中，地方政府包括省（区市）、市（州、盟、地区）、县（区）、乡（镇）、村等众多层次、众多类型。虽然，总的来说仍然可以采用"谁受益谁掏钱"的原则大体划分事权。但是，我国目前的分税制改革分的仅仅是中央政府与省级地方政府，省级以下地方政府仍然采用"分成制"的财政体制，造成越是基层政府，事权与财权越是相对脱钩。因此，分税制改革还需在明确各级政府事权的基础上，根据税法统一、便于征管等原则逐步下延。第四层次为财政机构内部事权。政府财政部门的工作效率决定了财政制度的具体落实程度，合理划分财政部门内部事权，将是保证整个财政体制有效运行的重要前提条件。

（2）财权财力充裕

如果说事权的明确划分是以划分支出范围为重点，那么财权财力的划分重点则与划分收入范围相关。"以收定支"原则要求财权事权相匹配一致，财政收支活动正是在这一原则指导下运作实践的。财政收入划分体现的是一种分配关系，即财政资源在中央对地方、政府与企业、政府间内部的相互转换和划分。我国正处于转型期，政治体制的相对集权与经济体制的相对分权，使得市场经济呈现出资本与权力融合的特征。理论上讲，市场经济的核心就是充分发挥看不见的手这一调节机制，运用市场机制来对资源进行分配调节，而国家的有形之手的功用只是为了弥补市场机制难以发挥作用的领域。在这一理论指导下，事权的划分应该在政府与市场以及社会明确职能界限的前提下完成。企业和社会应该发挥主体作用，政府应主要为市场主体提供服务，为公众提供相对充裕的公共服务。同时，企业和公众为公共服务的获得也需缴纳一定的费用，税收就是提供公共服务获得的收入。另外，财权要下放，共享税留给地方财政的比例适当增大，事权要细化，压缩共享税，取消税收返还，加大一般性转移支付力度。

（3）统分相机结合

事权和财权的划分是一项比较复杂的事情，这与政府间关系有关。一些领域存在交叉重叠，要想明确进行界定比较困难。我们所说的，事权划分明确，财权权力充裕，二者之间合理匹配，在实际运作中的相机行事很重要。财政各个主体的收支，我们可以根据数量的不同而将其进行区别，但由于转移支付的存在，无形中为财力的划分增加了不确定性。权责关系划分的意义就在于，能够对各地方政府的财政活动起到积极的调动作用。由于对转移支付的依赖性，财政收支的划分和分权也是相对意义上的。因此，能够做到财权事权的统分相机结合显得尤为重要。在财政活动的实践中，明确划分财权事权的意义就在于明确责任，确保积极性，同时也是地方政府作为独立的利益主体行使自身财政权力的需要。在以前，由于对地方利益的忽视，在一切权责上不做明确划分，上下统一大锅饭，这种做法有着自身的弊端，也是行不通的。相反，如果过分强调地方利益，缺少中央对地方必要的宏观调控，也很容易出现地方各行其是，追求短期效益的后果。这种经济分化很有可能造成最终政治上的危机。要想共同统筹发展，协调各种矛盾，必须要进行统一，但如果想激发地方创新积极性，释放地方活力，分权又是必然选择。因此，如何对分和统进行权衡，是至关重要的问题，只有统分相机结合，在统一领导的大框架下，内部实行分级管理，明确权责，二者才能发挥比较优势，互相辅佐。统分结合应成为财政管理的原则，但要注意的是，地方政府在财政管理过程中，在发挥地方精神的同时，也要注意有所限制，同时，统分结合这一原则，在不同的国家不同的政体条件下，其程度也有所不同，在我们国家，应在分权上加大力度。

统分相机结合，并没有统一固定的模式，一般而言，全国性的政策法规，以及涉及整个财政体制的相关制度、预算收支安排，都应该由中央政府统一规划统筹，在此基础上，地方政府在本区域依据中央总体规划，来对财政收支进行组织和安排，发挥自身的自主性，对财政资源进行相机平衡调剂。地方政府应有相对独立和充裕的自主权来对辖区内财政资金进行分配使用，对于一些地方法规和相关规定的实施办法，地方政府应该有权力结合本地方实际情况予以制定。

综上所述，公共财政体制的构建是未来我国财政体制改革的方向，公共财政体制的建立有助于民生财政的实现，有利于政府职能的转变。在构建过程中，明确的事权划分、充裕的财权和财力以及统分结合的机制设计，是顺利实现公共财政体制构建的关键，也是基本原则。公共财政体制应该满足市场经济的要求，在市场失灵的领域发挥弥补作用，具有市场性、法治性、公益性以及民主性等特质。只有实行规范的管理，扩展体制内外的监督渠道，才能真正实现民主法制的财政体制，这也是公共财政体制的必然要求。此外，增强财政透明度，规范地方政府财政收支行为，加快政府向服务型政府转型，规范行政运行机制，改革政绩考核方式，改变地方政府的行为激励，加强民众话语权，完善群众信息反馈机制等等，也是建立公共财政体制不可或缺的条件。

附录一　财政支出项目明细表

附表1

科目名称	支出科目说明	具体内容
一般公共服务	主要用于保障机关事业单位正常运转，支持各机关单位履行职能，保障各机关部门的项目支出需要	具体包括：人大事务、政协事务、政府办公厅（室）及相关机构事务、发展与改革事务、统计信息事务、财政事务、税收事务、审计事务、人力资源事务、纪检监察事务、人口与计划生育事务、商贸事务、知识产权事务、工商行政管理事务、质量技术监督与检验检疫事务、民族事务、宗教事务、港澳台侨事务、档案事务、民主党派及工商联事务、群众团体事务、党委办公厅（室）及相关机构事务★、组织事务★、宣传事务★、统战事务★、对外联络事务★、其他共产党事务支出★以及其他一般公共服务支出等
国防	用于国防建设和保卫国家安全的支出	具体包括：国防费、国防科研事业费、民兵建设以及专项工程支出等
公共安全	政府用于维护社会公共安全方面的支出	具体包括：武装警察、公安、国家安全、检察、法院、司法、监狱、劳教、国家保密、缉私警察等人员工资待遇及机关行政事务经费
教育	反映政府教育事务支出	具体事务包括：教育管理事务、普通教育、职业教育、成人教育、广播电视教育、留学教育、特殊教育、教师进修及干部继续教育、教育费附加安排的支出★、地方教育附加安排的支出★、江苏省地方教育基金支出、其他教育支出等
科学技术	反映政府用于科学技术方面的支出	主要包括：科学技术管理事务、基础研究、应用研究、技术研究与开发、科技条件与服务、社会科学、科学技术普及、科技交流与合作、科技重大专项、其他科学技术支出

续表

科目名称	支出科目说明	具体内容
文化体育与传媒	反映的是政府在文化体育与传媒等方面的支出	主要包括：文化、文物、体育、广播影视、新闻出版、文化事业建设费安排的支出、国家电影事业发展专项资金支出以及其他文化体育与传媒支出
社会保障和就业	反映政府在社会保障与就业方面的支出	具体事项包括：社会保障和就业管理事务、民政管理事务、财政对社会保险基金的补助、补充全国社会保障基金、行政事业单位离退休、企业改革补助、就业补助、抚恤、退役安置、社会福利、残疾人事业、城市居民最低生活保障、其他城镇社会救济、农村社会救济、自然灾害生活救助、红十字事务等
社会保险基金支出	反映政府由社会保险基金列支的各项支出	具体包括：基本养老保险基金支出、失业保险基金支出、基本医疗保险基金支出、工伤保险基金支出等
医疗卫生	反映政府医疗卫生方面的支出	具体包括：医疗卫生管理事务支出、公立医院、基层医疗卫生机构支出、公共卫生、医疗保障、中医药、食品和药品监督管理事务以及其他医疗卫生支出等
节能环保★	反映政府节能环保支出	具体包括：环境保护管理事务支出、环境监测与监察支出、污染治理支出、自然生态保护支出、天然林保护工程支出、退耕还林支出、风沙荒漠治理支出、退牧还草支出、已垦草原退耕还草、能源节约利用、污染减排、可再生能源和资源综合利用等支出
城乡社区事务	反映政府城乡社区事务支出	具体包括：城乡社区管理事务、城乡社区规划与管理、城乡社区公共设施、城乡社区环境卫生、建设市场管理与监督、政府住房基金支出、国有土地使用权出让收入安排的支出★、城市公用事业附加安排的支出★、国有土地收益基金支出、农业土地开发资金支出、新增建设用地有偿使用费安排的支出★、城市基础设施配套费安排的支出★、其他城乡社区事务支出
农林水事务	反映政府农林水事务支出	主要包括：农业、林业、水利、南水北调、扶贫、农业综合开发、农村综合改革、新菜地开发建设基金支出★、育林基金支出★、森林植被恢复费安排的支出★、中央水利建设基金支出★、地方水利建设基金支出★、山西省水资源补偿费安排的支出★、大中型水库库区基金支出★、三峡水库库区基金支出★、南水北调工程基金支出★、国家重大水利工程建设基金支出★、其他农林水事务支出

续表

科目名称	支出科目说明	具体内容
交通运输	反映政府交通运输和邮政业方面的支出	主要包括：公路水路运输、铁路运输、民用航空运输、石油价格改革对交通运输的补贴、邮政业支出、车辆购置税支出★、海南省高等级公路车辆通行附加费安排的支出★、转让政府还贷道路收费权收入安排的支出★、车辆通行费安排的支出★、港口建设费安排的支出★、铁路建设基金支出★、福建省铁路建设附加费安排的支出★、民航基础设施建设基金支出★、民航机场管理建设费安排的支出★、其他交通运输支出
资源勘探电力信息等事务	反映政府对资源勘探电力信息等事务支出	主要包括：资源勘探开发和服务支出、制造业、建筑业、电力监管支出、工业和信息产业监管支出、安全生产监管、国有资产监管、支持中小企业发展和管理支出、散装水泥专项资金支出★、新型墙体材料专项基金支出★、农网还贷资金支出★、山西省煤炭可持续发展基金支出★、其他资源勘探电力信息等事务支出△
储备事务支出★	反映国家储备方面的有关支出	主要包括：能源储备★、粮油储备★、重要商品储备等★
粮油物资管理事务★	反映用于粮油物资储备管理事务方面的支出	主要包括：粮油事务、物资事务★
商业服务业等事务	反映对商业服务业等事务的支出	主要包括：商业流通事务、旅游业管理与服务支出、涉外发展服务支出、旅游发展基金支出★、其他商业服务业等事务支出△
金融监管等事务支出	反映金融保险业监管等事务方面的支出	主要包括：金融部门行政支出、金融部门监管支出、金融发展支出、金融调控支出、农村金融发展支出、其他金融监管等事务支出等
国土资源气象等事务	反映政府用于公益服务事业方面的支出	主要包括：国土资源事务、海洋管理事务、测绘事务、地震事务、气象事务等
住房保障支出△	集中反映政府用于住房方面的支出	主要包括：保障性安居工程支出★、住房改革支出、城乡社区住宅
转移性支出	反映政府的转移支付以及不同性质资金之间的调拨支出	主要包括：返还性支出、一般性转移支付、专项转移支付△、政府性基金转移支付、调出资金、年终结余、债券转贷支出等

续表

科目名称	支出科目说明	具体内容
预备费	反映预算中安排的预备费	主要包括：涨价预备费和基本预备费
国债还本付息支出	反映国债还本、付息、发行等方面的支出	主要包括：国内债务还本★、向国家银行借款还本、其他国内借款还本、向外国政府借款还本、向国际组织借款还本、中央其他国外借款还本、地方向国外借款还本、国内债务付息、国外债务付息、国内外债务发行、补充还贷准备金、财政部代理发行地方政府债券还本、财政部代理发行地方政府债券付息
其他支出	反映不能划分到上述功能科目的其他政府支出	主要包括：年初预留、其他政府性基金支出、汶川地震捐赠支出、彩票发行销售机构业务费安排的支出★、彩票公益金安排的支出★、其他支出等

注：在将社会保险基金包括在内统计政府支出时，应将财政对社会保险基金的补助以及由财政承担的社会保险缴款予以扣除，以免重复计算。

附录二　H县财政局访谈提纲

1. 县财政面临的主要压力是什么？
2. 本县的可支配资金主要由哪几项组成？主要用于哪些方面？
3. 地方财政自主性的程度如何？
4. 财政质量有哪些指标可以衡量？
5. 支出的效率如何？支出的质量和合理性如何？
6. 省直管县是否发生实质性变化？
7. 人事组织体制发挥了什么作用？
8. 在财政自主的过程中，会碰到政绩和公众需求的矛盾，如何解决？
9. 制度外财力（不纳入财政管理的资金）主要有哪些？如何管理这些资金？借债是不是已纳入财政管理？
10. 各级政府在资金使用上各扮演何种角色？各有哪些策略？
11. 实践中，县政府一般是如何获得和提高其财力的？县政府是如何控制县一级资金使用的？
12. 当前地方预算编制主要考虑哪些因素？有何问题？
13. H县的事权主要有哪些？地方政府如何对各类事权的重要性进行排序？在财政资金安排上，如果资金紧张，各类事务所需经费如何取舍？
14. 地方政府在安排资金时，在哪些方面考虑了公众的需要？
15. 您认为当前中国地方政府的财政权力存在哪些问题？还可在哪些方面加以拓展？
16. 近年来，H县的财力主要投向哪些领域？效果如何？存在哪些问题？
17. 在既有体制下，如何能在中央控制下更好地实现地方的自主性？各有哪些利弊？未来发展趋势如何？

18. 在 H 县的发展战略中，有哪些事务是 H 县职权范围内自主规划、自主发展的？这些事务的资金来源主要有哪些？又是如何管理的？

19. 专项资金的效果如何？

20. H 县财政创收的途径有哪些？请举例说明

21. 财政收入主要由哪几部分构成？

22. 增加税收收入的途径有哪些？

23. 非税收入增收方面有哪些策略？

24. 招商引资过程中，有哪些优惠政策？做了何种努力？

25. 非税收入的管理状况如何？是否都纳入预算管理？

26. 非税收入是如何使用的？

27. H 县的预算外资金规模如何？如何管理和使用？

28. 政府性基金收入是如何管理的？是否纳入基金预算管理？规范程度如何？为什么？

29. 在向上级政府争取专项资金时，遇到哪些困难？有哪些策略？效果如何？可否举例说明。

30. 您认为当前预算管理还存在哪些不足？有何建议？

31. H 县的自主性财力是如何使用的？请详细说明。

32. H 县有没有争取专项资金、财力性转移支付比较成功的例子？争取专项资金、财力性转移支付的最大困难是什么？

33. 在地方政府与地方政府的竞争中，地方官员最看重什么？财政收入与支出扩张在地方政府竞争中发挥了什么作用？地方官员是否看重财政支出的增长/扩张？为什么？

34. H 县用于企业税收奖励的资金从哪里来？具体数量？如何管理？在 H 县开发区基础设施建设、城市建设的费用主要来自哪些渠道？具体是如何管理使用的？

35. 在 H 县，没有纳入预算内外制度管理的各项财政支出（制度外财政支出）有哪些？这些支出可能是各种非税收入，也可能是包括预算资金在内的其他收入？各是如何运用的？

附录三 H县城建局、商务局、非税局访谈提纲

1. 我们每年用于城市建设的投入资金有多少？
2. H县这几年突飞猛进发展的原因是什么？
3. 城建过程中，资金不足时，我们是如何融资的？
4. 工作中遇到的阻力和困难有哪些？您最关心的问题是什么？
5. 商务局有哪些主要职能？在发展过程中，遇到了哪些问题？
6. 我们在引进项目的时候，都会有哪些举措？
7. 企业来投资，除了产业地区效应，上下游产业链等原因外，还有什么原因？
8. 招商过程中，我们遇到过哪些困难和阻力？
9. 我们在引进项目的时候，是否由专门的智囊团进行评估、论证、审批？还是由专业部门做这项工作？引进的根据是什么？
10. 我们工作的动力来自哪里？是源于压力还是其他原因？
11. 在面对公共利益和经济发展二者矛盾的时候，是如何取舍的？是否会为了发展而去作出较多的让步，甚至降低底线？
12. 产业升级问题我们是如何考虑的？
13. 地区间横向经济合作中我们采取何种形式？
14. 发展经济过程中遇到了哪些政策上的瓶颈和束缚？
15. 非税收入都包括哪几个方面？增收上有哪些策略？
16. 现在的事业单位收费，和以前相比规范性怎样？
17. 您如何看待将非税收入管理纳入预算管理？有哪些困难？

附录四　H县县长访谈提纲

1. 地方政府决策的基本过程是怎样的？
2. 在县级政府，财政资金的用途是如何决定的？中央政策、上级政府、地方这几套班子在这一环节各扮演什么角色？县级人大的作用和功能是否加强了？
3. 在财政资金使用和调整过程中，各部门、人员之间是否会存在意见不一致（冲突）？如何解决？
4. 县政府的主要工作任务有哪些？完成各种不同任务的资金来源是什么？
5. 地方政府如何对各类事权的重要性进行排序？在财政资金安排上，如果资金紧张，各类事务所需经费如何取舍？
6. 县里重大决策受哪些因素制约？
7. 县政府想做什么事情？能够做哪些事情？上级政府的强制性事项有哪些？
8. 实践中，县政府想做的事受到哪些因素的影响？现行财政体制下，县政府面临的最大困难是什么？
9. 地方政府在安排资金时，在哪些方面考虑了老百姓的需要？
10. 您认为当前地方政府融资存在哪些问题？
11. 您认可土地财政推动了地方经济增长吗？土地财政存在哪些问题？
12. 当前地方政府在保证财政收入方面，主要面临哪些压力？
13. 如何激励官员努力拓展财源？效果如何？还存在哪些问题？
14. 地方政府努力增加财政收入的目的是什么？官员努力拓展财源的动力又是什么？

15. 如何看待公共财政的公共性？公众是否参与到这一过程中来？

16. 当前地方政府财政支出压力主要有哪些？

17. 我们在经济转型的大背景下，如何应对这一变化，如何提高经济增长质量？由追求数量向追求质量转变我们有哪些思路？

18. 您如何看待地方财政自主性问题？

19. 您认为当前中国地方政府的财政权力存在哪些问题？还可在哪些方面加以拓展？

20. 要想充分发挥财政分权的作用，行政分权还应在哪些方面作出改善？

21. 您认为我国财政体制存在哪些问题？应该走向何方？

参考文献

一、中文文献

1. 张亲培. 新编公共政策基础 [M]. 长春：吉林大学出版社，2009.

2. 张亲培. 公共财政的政治学分析 [M]. 长春：吉林人民出版社，2004.

3. 麻宝斌. 十大基本政治观念 [M]. 北京：社会科学文献出版社，2011.

4. 麻宝斌. 公共利益与政府职能 [M]. 长春：吉林人民出版社，2003.

5. 王乐夫. 公共管理学：原理、体系与实践 [M]. 北京：中国人民大学出版社，2007.

6. 荣敬本. 从压力型体制向民主合作体制的转变——县乡两级政治体制改革 [M]. 北京：中央编译出版社，1998.

7. 周雪光. 组织社会学十讲 [M]. 北京：社会科学文献出版社，2003.

8. 钱颖一. 现代经济学与中国经济改革 [M]. 北京：中国人民大学出版社，2003.

9. 杨之刚等. 财政分权理论与基层公共财政改革 [M]. 北京：经济科学出版社，2006.

10. 曹红钢. 政府行为目标与体制转型 [M]. 北京：社会科学文献出版社，2007.

11. 暴景升. 当代中国县政改革研究 [M]. 天津：天津人民出版社，2007.

12. 胡伟. 制度变迁中的县级政府行为 [M]. 北京：中国社会科学出版社，2007.

13. 倪家铸等. 地方政府投资行为研究 [M]. 北京：中国经济出版社，

1993.

14. 李秀潭等. 西部地方政府行为模式 [M]. 杭州：浙江人民出版社，2004.

15. 杨雪冬. 市场发育、社会生长和公共权力构建——以县为微观分析单位 [M]. 郑州：河南人民出版社，2002.

16. 荣敬本等. 从压力型体制向民主合作体制的转变——县乡两级政治体制改革 [M]. 北京：中央编译出版社，1998.

17. 张静. 基层政权——乡村制度诸问题 [M]. 杭州：浙江人民出版社，2000.

18. 张五常. 中国的经济制度 [M]. 北京：中信出版社，2009.

19. 徐勇. 乡村管理与中国政治 [M]. 北京：中国社会科学出版社，2003.

20. 李景汉. 定县社会概况调查 [M]. 上海：上海世纪出版集团，2005.

21. 王圣诵. 县级政府管理模式创新探讨 [M]. 北京：人民出版社，2006.

22. 彭国甫. 县级政府管理模式创新研究 [M]. 长沙：湖南人民出版社，2005.

23. 浦善新. 中国行政区划改革研究 [M]. 上海：商务印书馆，2006.

24. 胡书东. 经济发展中的中央与地方关系——中国财政制度变迁研究 [M]. 上海：上海人民出版社，2006.

25. 陈向明. 质的研究方法与社会科学研究 [M]. 北京：教育科学出版社，2000.

26. 风笑天. 社会学研究方法（第二版）[M]. 北京：中国人民大学出版社，2005.

27. 孙开，彭建. 财政体制创新研究 [M]. 北京：中国社会科学出版社，2004.

28. 乔宝云. 增长与均等的取舍. 中国财政分权政策研究 [M]. 北京：人民出版社，2000.

29. 洪银兴，刘志彪等. 长江三角洲地区经济发展的模式和机制 [M].

北京：清华大学出版社，2003．

30．沈德理．非均衡格局中的地方自主性：对海南经济特区（1998－2002年）发展的实证研究［M］．北京：中国社会科学出版社，2004．

31．何显明．市场化进程中的地方政府行为逻辑［M］．北京：人民出版社，2008．

32．马珺，杨之刚等．财政分权分析框架与文献评述：财政分权理论与基层公共财政改革［M］．北京：经济科学出版社，2006．

33．樊红敏．县域政治——权力实践与日常秩序［M］．北京：中国社会科学出版社，2008．

34．费孝通．乡土中国［M］．上海：上海人民出版社，2007．

35．李一花．中国县乡财政运行及解困研究［M］．北京：社会科学文献出版社，2008．

36．何逢阳．扩权改革中县级政府财政收支策略研究——以G县为例［M］．上海：上海人民出版社，2011．

37．徐勇．非均衡的中国政治：城市与乡村比较［M］．北京：中国广播电视出版社，1992．

38．马克思，恩格斯．马克思恩格斯选集（第3卷）［M］．北京：人民出版社，1972．

39．曹静．县域财政自主治理的行为逻辑与制度困境［J］．财经问题研究，2012（1）．

40．陈秀山，张启春．转轨期间财政转移支付制度的区域均衡效应［J］．中国人民大学学报，2003（4）．

41．陈秀山，徐瑛．地区差距特征与完善转移支付制度［J］．经济学动态，2004（11）．

42．陈抗，A. Hillman，顾清扬．财政集权与地方政府行为变化——从援助之手到攫取之手［J］．经济学（季刊），2002（1）．

43．范今朝，斯灵芝，蒋瑶璐．试论"地方（政区）"的文化意蕴与"合法性"意义——以"县"在中国政区体系中的地位和作用为例［J］．科学经济社会，2011（4）．

44. 樊红敏. 双轨政治：关系与县域政治运作——河南省 H 市观察 [J]. 甘肃理论学刊, 2008 (4).

45. 方红生, 张军. 中国地方政府扩张偏向的财政行为：观察与解释 [J]. 经济学（季刊）, 2009 (3).

46. 傅勇, 张晏. 中国式分权与财政支出结构偏向：为增长而竞争的代价 [J]. 管理世界, 2007 (3).

47. 葛乃旭. 重建我国政府间转移支付制度的构想 [J]. 财贸经济, 2005 (1).

48. 高琳. 我国建立横向财政转移支付制度的一个模式：兼论地方政府的自主性 [J]. 地方财政研究, 2008 (7).

49. 郭连成. 俄罗斯中央与地方政府间财政关系研究 [J]. 世界经济, 2002 (10).

50. 何逢阳. 中国式财政分权体制下地方政府财力事权关系类型研究 [J]. 学术界, 2010 (5).

51. 洪银兴. 地方政府行为和中国市场经济的发展 [J]. 经济学家, 1997 (1).

52. 洪银兴, 曹勇. 经济体制转轨时期的地方政府功能 [J]. 经济研究, 1996 (5).

53. 侯一麟. 政府职能、事权事责与财权财力：1978 年以来我国财政体制改革中财权事权划分的理论分析 [J]. 公共行政评, 2009 (2).

54. 黄明. 财政制度改革的政治分析 [J]. 湖北财税（理论版）, 2003 (4).

55. 黄杰. "双轨政治"：对当代中国政治形态的一种尝试性解释 [J]. 太平洋学报, 2011 (5).

56. 黄君洁. 财政分权与经济增长关系的文献综述 [J]. 产经评论, 2010 (2).

57. 黄永炎, 陈成才. 地方政府制度创新的行为探析 [J]. 探索, 2001 (4).

58. 吉洁. 我国县乡非税收入现状分析 [J]. 商业研究, 2009 (8).

59. 贾康, 白景明. 县乡财政解困与财政体制创新 [J]. 经济研究, 2002 (2).

60. 贾康, 刘军民. 非税收入规范化管理研究 [J]. 华中师范大学学报 (人文社会科学版), 2005 (4).

61. 江孝感, 魏峰, 蒋尚华. 我国财政转移支付的适度规模控制 [J]. 管理世界, 1999 (3).

62. 寇铁军, 汪洋. 完善我国过渡期财政转移支付的对策 [J]. 财经问题研究, 2003 (8).

63. 赖艳华. 新中国县级财政体制演变述评 [J]. 宁德师专学报 (哲学社会科学版), 2005 (2).

64. 李德章, 梁尚敏, 范亚骏. 中国非税收入改革及规范化管理研究 [J]. 经济研究参考, 1999 (18).

65. 李韬, 王佳. 自主性、裁量权与公共管理者的责任 [J]. 中国行政管理, 2010 (10).

66. 梁春贤. 多级政府间财权划分的思考 [J]. 中国国情国力, 2011 (5).

67. 林尚立. 权力与体制：中国政治发展的现实逻辑 [J]. 学术月刊, 2001 (5).

68. 林毅夫, 刘志强. 中国的财政分权与经济增长 [J]. 北京大学学报 (哲学社会科学版), 2000 (4).

69. 刘凤伟. 论财政转移支付对地方财政努力的影响——以甘肃省县级数据为例 [J]. 地方财政研究, 2007 (12).

70. 刘溶沧, 焦国华. 地区间财政能力差异与转移支付制度创新 [J]. 财贸经济, 2002 (6).

71. 卢洪友. 中国政府间财政关系实证分析——兼析基层公共管理的财政困境及路径 [J]. 华中师范大学学报 (人文社会科学版), 2006 (1).

72. 栾蓓蓓. 农业税费改革后县级财政下的公共品供给状况分析——以山东省微山县为例 [J]. 山东理工大学学报 (社会科学版), 2007 (11).

73. 马昊, 庞力. 中国县级财政制度的历史变迁与改革思路 [J]. 湖南师范大学社会科学学报, 2010 (5).

74. 马骏. 中央向地方的财政转移支付——一个均等化公式和模拟结果 [J]. 经济研究, 1997 (3).

75. 马玮. "形象工程" "政绩工程"的成因及治理对策 [J]. 徐州教育学院学报, 2004 (3).

76. 钱颖一, 许成钢, 董彦彬. 中国的经济改革为什么与众不同——M型的层级制和非国有部门的进入与扩张 [J]. 经济社会体制比较, 1993 (1).

77. 乔宝云, 范剑勇, 冯兴元. 中国的财政分权与小学义务教育 [J]. 中国社会科学, 2005 (6).

78. 丘海雄, 徐建牛. 市场转型过程中地方政府角色研究述评 [J]. 社会学研究, 2004 (4).

79. 沈德理. 简论地方自主性 [J]. 海南师范学院学报, 2003 (4).

80. 沈坤荣, 付文林. 中国的财政分权制度与地区经济增长 [J]. 管理世界, 2005 (1).

81. 宋立. 我国公共服务供给中各级政府事权财权配置改革研究（主报告）[J]. 经济研究参考, 2005 (25).

82. 宋哲. 县级地方政府财政支出结构及其效果研究——以湖北省A区为个案 [J]. 华中师范大学学报（人文社会科学版）, 2009 (9).

83. 唐桂娥, 刘军, 罗平, 徐东明. 非税收入征缴返还体制存在的问题及建议 [J]. 财会通讯（综合版）, 2006 (7).

84. 王春娟, 焦雨生. 分税制后县财政的国家化探析 [J]. 当代经济, 2007 (7).

85. 王洛忠, 刘金发. 招商引资过程中地方政府行为失范及其治理 [J]. 中国行政管理, 2007 (2).

86. 王永钦, 张晏, 章元, 陈钊, 陆铭. 中国的大国发展道路——论分权式改革的得失 [J]. 经济研究, 2007 (1).

87. 王元. 改革完善统一规范透明的财政转移支付制度 [J]. 经济研究参考, 2009 (27).

88. 王刚. 地方财政支出结构与经济发展的实证研究——基于山东省面

板数据的分析［J］．山东经济战略研究，2009（10）．

89．熊波．论现行转移支付制度存在的问题及其调整思路［J］．鄂州大学学报，2003（3）．

90．徐涛．转移支付对县级财政收入稳定效应的实证分析——基于中国县级面板数据［J］．生产力研究，2009（6）．

91．徐轶，谢欣．地方财政项目配套资金问题初探［J］．地方财政研究，2009（5）．

92．阎彬．正确处理中央与地方财政关系的关键——逐步实行分税制［J］．财经研究，1991（4）．

93．于建嵘等．县政改革：中国改革新突破口［J］．中国人民大学书报资料中心：管理科学，2008（1）．

94．于建嵘．县政改革中的人大代表职业化［J］．江苏行政学院学报，2010（5）．

95．苑广睿．政府非税收入的理论分析与政策取向［J］．财政研究，2007（4）．

96．张永生．政府间事权与财权如何划分［J］．经济社会体制比较（双月刊），2008（2）．

97．张菊良．完善我国政府间财政转移支付制度的若干思考［J］．广东商学院学报，2000（7）．

98．张立荣，冷向明．基本公共服务均等化取向下的政府行为变革［J］．管理世界，2007（4）．

99．张军．分权与增长：中国的故事［J］．经济学（季刊），7（1）．

100．张恒龙，陈宪．财政竞争对地方公共支出结构的影响——以中国的招商引资竞争为例［J］．经济社会体制比较，2006（6）．

101．张军，高远，傅勇，张弘．中国为什么拥有了良好的基础设施［J］．经济研究，2007（3）．

102．张晏，龚六堂．分税制改革、财政分权与中国经济增长［J］．经济学（季刊），2005，5（1）．

103．张闫龙．财政分权与省以下政府间关系的演变——对20世纪80

年代A省财政体制改革中政府间关系变迁的个案研究［J］. 社会学研究，2006（3）.

104. 张照，王德. 我国城市基础设施建设资金运作模式研究［J］. 城市规划，2009（3）.

105. 赵艳. 中国县级财政公共服务能力分析［J］. 经济研究导刊，2009（36）.

106. 赵聚军. 突破"事权与财力相统一"观念、构建现代公共服务体系［J］. 中国延安干部学院学报，2008（6）.

107. 郑晓玲. 财政竞争中的地方政府行为及其规范［J］. 地方财政研究，2007（6）.

108. 周黎安. 中国地方官员的晋升锦标赛模式研究［J］. 经济研究，2007（7）.

109. 周雪光. 逆向软预算约束：一个政府行为的组织分析［J］. 中国社会科学，2005（2）.

110. 周雪光. 关系产权：产权制度的一个社会学解释［J］. 社会学研究，2005（2）.

111. 周业安. 县乡级财政支出管理体制改革的理论与对策［J］. 管理世界（双月刊），2000（5）.

112. 周业安. 地方政府竞争与经济增长［J］. 中国人民大学学报，2003（2）.

113. 刘中连. 当代中国县级政府管理研究［D］. 兰州大学，2006.

114. 王宇. 我国中央与地方间财政关系研究［D］. 西北大学，2003.

115. 王宇波. 经济民营化条件下县级政府经济职能转变研究［D］. 华中科技大学，2005.

116. 张立承. 中国县乡公共财政运行机理研究［D］. 中国农业大学，2003.

117. 王春娟. 县治的财政基础及其变化——对湖北一个县的实证分析［D］. 华中师范大学博士论文，2007.

118. 蔡冬冬. 中国财政分权体制下地方公共物品供给研究［D］. 辽宁

大学博士论文，2007.

119. 何显明. 市场化进程中的地方政府行为自主性研究［D］. 复旦大学博士论文，2007.

120. 郭志鹏. 激励与约束：中国地方政府经济行为研究［D］. 上海社会科学院博士论文，2006.

121. 赖艳华. 分税制改革下的县级财政研究——以福建省为例［D］. 福建师范大学硕士论文，2004.

122. 安文斌. 企业人力资源管理外包服务质量风险及规避研究［D］. 西南大学硕士论文，2011.

123. 宋哲. 县级地方政府财政支出结构及其效果研究［D］. 华中师范大学硕士论文，2009.

二、中文译著

1. ［美］道格拉斯·C·诺思. 制度、制度变迁与经济绩效［M］. 上海：格致出版社，2008.

2. ［美］黄宗智. 经验与理论［M］. 北京：中国人民大学出版社，2007.

3. ［英］哈耶克. 自由秩序原理（上）［M］. 邓正来译. 北京：三联书店，1997.

4. ［美］诺曼·K·邓津, 伊冯娜·S·林肯. 定性研究：方法论基础［M］. 风笑天等译. 重庆：重庆大学出版社，2007.

5. ［美］罗伯特·K·殷. 案例研究设计与方法［M］. 周海淘等译. 重庆：重庆大学出版社，2004.

6. ［美］威廉姆·A·尼斯坎南. 官僚制与公共经济学［M］. 王浦劬等译. 北京：中国青年出版社，2004.

7. Ansehn Strauss, Juliet Corbin. 质性研究概论：扎根理论程序与技术［M］. 徐宗国译. 巨流图书公司印行，2004.

8. ［美］苏珊·罗斯·艾克曼. 腐败与政府［M］. 王江等译. 北京：新华出版社，2000.

9. ［美］艾尔·巴比著. 社会研究方法［M］. 邱泽奇译. 北京：华夏

出版社，2005.

10. Richard E. Boyatzis. 质性资料分析——如何透视质性资料 [M]. 王国川，翁千惠译. 五南图书出版公司，2005.

11. [美] 曼瑟·奥尔森. 权力与繁荣 [M]. 苏长和，嵇飞译. 上海：上海人民出版社，2005.

三、外文文献

1. Musgrave, R A. *The Theory of Public Finance* [M]. New York：McGraw-Hill, 1959.

2. Oates, W E. *Fiscal Federalism* [M]. New York：Harcourt Brace Jovanovich, 1972.

3. Tiebout, C. *A Pure Theory of Local Expenditures* [J]. Journal of Political Economy, 1956, 64.

4. Buchanan, J M. *An Economic Theory of Clubs* [J]. Economica, 1965 (2).

5. West Loraine A, Won H Christine P W. *Fiscal Decentralization and Growing Regional Disparities in Rural China：Some Evidence in the Provision of Social Services* [J]. Oxford Review of Economic Policy, 1995, 11 (4).

6. Akai, N and M Sakata. *Fiscal Decentralization Contributes to Economic Hrowth：Evidence from State-level Cross-section Date for the United States* [J]. Journal of Urban Economics, 2002 (52).

7. Fisman, R, and R Hatti. *Decentralization and Corruption：Evidence across Countries* [J]. Journal of Public Economics, 2002, 83 (3).

8. HurHur, T, and A Shah. *Localization and Corruption：Panacea or Pandora's Box?*, World Bank Policy Research Paper, 2005：34-86.

9. Li, Lianjian H, Kevin J O'Brien. *Selective Policy Implementation in Rural China* [J]. Comparative Politics, 1999, 31 (2).

后　　记

　　书稿终于进入尾声了，我的后记却迟迟没有动笔，有时候想表达的太多反而会不知所措。无数次幻想过完成书稿后的心情，但这一刻突然降临时，我却没有之前设想的热泪盈眶或是放声大笑，这种平静像是雨后的彩虹，用无声的七彩显示风雨的洗礼。打开桌面上名为"最后的战役"的文件夹，我忽然觉得，这些折磨我数月的文档竟然变得如此温情可爱，我努力回忆着，试图不错过任何一个过往的瞬间，却发现快乐和痛苦总是不离不弃，就像爱恨永远交织，悲喜恒久交加一样。在此书的写作过程中，我深刻地体会到人生路上的不易，我们每个人都背负着十字架艰难前行，它也许是我们的学习，也许是我们的工作，也许是我们必须承担的责任和义务。但是，这些学习和工作、义务与责任，却是我们存活于世的理由和价值所在。真正的快乐，是奋战后的结果，没有经历深刻的痛苦，也永远体会不到酣畅淋漓的快乐。

　　生活中最难忘的告别，不是对哪一个人，也不是对哪一段感情，而是告别一个时代，你深深地体会到你的成长，深深地感受到，你已经不再是那个曾经的你，需要开始面对新的生活。犹记得2008年的那个夏天，我拿到吉大录取通知书的那个阳光明媚的午后，那种历尽艰辛终如愿的喜悦让我终生难忘。也是从那个夏天开始，我与吉大有了血缘关系，与这里的人产生了弥足珍贵的感情，是吉大续写了我的学生时代，丰富了我的人生阅历，我也为身上的吉大烙印而深感自豪。

　　此刻，我无比感恩，我首先要感谢我的恩师张亲培老师，想起曾经站在求学门外的我所经历的种种，像是昨天发生的事，那些苦辣酸甜也早已成为记忆的味道挥之不去。是亲培老师把我从门外带进门里，不仅在学术上为我指明道路，让我懂得了学术是一种态度，更是一种生活方式，学术不是论文的代名词，更不是理论的堆砌，它是一种追求，需要一种精神。临摹它的"表"容易，抓住它的"里"才是根本。同时，他也给予了我最大限度的包容和信任。我永远记得亲培老师的那句话：学术很重要，但生活更重要。学术是手段，生活才是目的——这是他在一次师门年度总结会后，对当年除了筹备婚事以外，没有任何学术成果的我说的话，当时我的身体状况不佳，我知道他是在减轻我的压力，我在深感惭愧的同时，也暗下决心不辜负他的信任，这份恩情我永生难忘。想不到造化弄人，就是这样一位有着真性情真学问的师者，偏偏要离我们而去，2011年，正是亲培老师遭受病痛折磨之际，他用生命给我们上了最后一课，让我近距离的感受到了生命的可贵与脆弱，人生的无常与无奈。弥留之际，他还在病床前叮嘱我论文的琐事，询问我的身体状况是否改善，他可知道，那时笑中带泪的我是有多么心疼啊。他走的时候嘴角上扬，安详平和，也许人间只是他寄身之处，他去往了更好的世界，那里可以写他钟情的文章，听他心爱的古典音乐，与故去的亲人相见诉说思念。有一天，所有的一切都会过去，生命定制得如此仁慈，又那么冷淡，生活到底是要搜集我们的笑还是泪？有一天，这些微不足道的疑惑也都会过去，但我相信，时间不会让一颗灵魂愈发黯淡，只会愈加动人。

我还要感谢我的导师麻宝斌老师，感谢您在我最无助的时候接纳我，让我有幸成为您的学生，成为"麻门"大家庭的一员。您的接纳与关心给了我莫大的温暖，您的学识与为人更让我由衷的敬重与敬佩，您对生活的热爱以及对学术的严谨深深地感染和教育了我。在写作过程中，您的细心指导为我修正了写作的方向，不厌其烦地修改更是给了我巨大的帮助，您的严谨包容给了我前进的动力，更让我有勇气心无旁骛放手一搏。在与您的交流中，我愈发感受到自己理论知识的匮乏和学术基础的薄弱，仿佛自己面前有一扇半掩着的门，依稀看到一缕光，但要感受到阳光沐浴的温暖还要花些力气方能实现，我深知其中的不易，也明白了只有把心放下来，静下来，让自己双脚着地才能做出有价值的东西。我知道了自己的局限和不足、无知和软肋。同样的，我也有了目标和方向、动力和期望。您影响我的不只是这些，您为人谦和，善待学生，不吝分享，更对学术有敬畏之心，是一位极具个人魅力的师者，这些美好的品质与特质也是我所要追求和学习的。大恩不言谢，再动情华丽的辞藻在这份感恩面前都显得苍白，唯有用未来的行动来表达对这份恩情的珍视与铭记。

我还要感谢行政学院的每一位老师，虽然我与行政学院的缘分仅仅始于2008年的那个秋天，虽然接受各位老师言传身教的机会亦非常有限，但对于从外校考入吉大的我而言，更对吉大以及各位师者心怀敬畏，更加珍惜耳濡目染各位老师风采的机会，那些课堂上的妙言妙语和思想启蒙开启了我对学术研究的思考，为日后的学习工作、写作与研究提供了丰富的学术营养。在此感谢吉大行政学院所有的老师，这份传道授业解惑之恩，我受益终身，难以忘怀！同时，我还要特别感谢在开题过程中，为我提出指导建议的王庆华老师、张锐昕老师、谭青山老师以及于君博老师。没有你们的帮助和提点，就不会有书稿的最终完成，各位老师专业中肯的建议，为我提供了更多的思路和灵感，为日后的写作奠定了基础。此外，我还要特别感谢卢贵华老师。自入学以来，由于工作原因导致我经常往返于大连、长春两地，从一开始的档案问题，到最后的论文答辩的相关事宜，无一例外都给卢老师添了众多麻烦，每一次电话和邮件的打扰，卢老师都是耐心应对，从未怠慢，有时还加以言语上的劝慰与关心，这让身处异地的我倍感温暖。人的言行是内心的写照，从卢老师身上，我不仅感受到了一位老师对学生的呵护，更加深了我对行政学院的感情，正是卢老师的善良与真诚拉近了同学们与学院和老师的距离，卢老师的QQ名字"峡湾"就是对这份包容与保护的最好诠释。

我要感谢东北财经大学公共管理学院的领导与同事，如果没有学院的培养，我不会走上读博之路，更不会获得走上讲台的机会，这部书稿能够得以付梓，更是学院领导大力支持的结果。在此，向张向达院长、马永胜书记以及吕丹副院长表示由衷的谢意！同时，也要感谢我在公共管理管理学院的各位同事，谢谢你们给予我的鼓励与帮助，有你们并肩前行，学术之路也充满色彩。

我要感谢我的各位同门，首先要感谢与我同年入学的李允、关静以及冯素坤，忘不了初识时的青涩拘谨，忘不了同处一室的姐妹情谊，更忘不了四朵金花同进同出时的美好时光，能跟你们同时入门成为姐妹是我的幸运，我无比珍视。其次要感谢亲培师门的各位师兄师姐师弟师妹们，忘不了每次师门讨论时的思想碰撞，忘不了师门聚会时的欢歌笑语，也忘不了各位同门在亲培老师患病期间的同心协力，那种不求回报的付出让我着实感动，那些可贵的品质比黄金还要贵重。在写作过程中，感谢李允、青梅、李琦对我论文写作的督促和鼓励，感谢钟震、周柏春及孙悦等同学给我提出的修改意见，感谢慕华姐、蓁蓁姐在申请答辩过程中给予我的帮助，感谢刘述良博士对我写作提纲形成之初的建议，感谢沈楠、张韵等人帮我完成了校对工作，特别要感谢韩杰叔叔为我提供了调研访谈的机会，使得研究付梓成为可能，也要感谢调研过程中给予我帮助和支持的各位前辈与受访者，没有你们的坦诚相待，本研究的开展不会如此顺利，虽然不能一一列举他们的名字，但是这份情义谨记在心，感激不尽。还要感谢我的好朋友们，写作期间，我曾一度抑郁，情绪更是反复无常波动较大，是你们给了我无尽的包容和理解，吸收了我的负面情绪，积极传递给我正面能量，为我提供宣泄情绪的出口，让我从孤独中走出来，正是由于你们的陪伴，我才有了面朝大海，春暖花开的心境。人生苦短，一路悲欢，有你们分担分享，此生无憾。

最后，感谢我所有的亲人。我要感谢我的父母，从小到大，父母给了我太多的爱，他们朴实善良，与世无争，把能给予的一切毫无保留的给了他们的女儿，这四年中，他们也承受了巨大的压力，但从不在我面前流露半分，父母恩情无以回报，只愿他们身体健康，尽最大可能陪伴左右，以尽孝道。我要感谢我的婆婆，她待我如己出，读博期间照顾我起居生活，勤劳善良，不遗余力地为儿女奉献，唯有好好生活才能不辜负这份辛劳。我要感谢我的老公孙阳，谢谢你一直不离不弃的陪伴，在我最失意最无助的时候，是你给了我坚持下去的勇气和力量，和一个人越亲密，越容易看见他的疲惫，你就是那个看到我最深疲惫的人，你的包容与理解，让我体会到，人生的真理，只是藏在平淡无味之中，最深和最重的爱，是和时日一起成长的，任那岁月漫长，任那戏票泛黄，春来花自青，秋至叶飘零，无穷般若心自在，只想说，有你真好。

曹　静
2017 年 10 月于大连